Quaternario 90

Quaternario 90

International Award
for Innovative Technology
in Architecture

Permasteelisa
Architectural components

Electa

Traduzioni
Maria Magrini
Richard Sadleir

Venezia 1990
I.A.I.T.A.

© 1990 by **Electa** Milano
Elemond Editori Associati
Tutti i diritti riservati

Sono ormai numerosi nei vari paesi del mondo, in Italia e nella nostra stessa regione i concorsi pubblici, mediante i quali si intendono selezionare idee per l'assetto urbanistico e segnalare proposte per la qualità architettonica. Era tuttavia da tempo e da più parti avvertita la mancanza di un'iniziativa che prendesse in adeguata considerazione la componente tecnologica e presentasse il contributo che essa reca all'avanzamento dei processi produttivi, alla definizione della figurabilità formale dei manufatti e, in definitiva, alla bellezza del prodotto edilizio contemporaneo.

L'innovazione manifatturiera, da duecento anni a questa parte e cioè dall'avvento della civiltà industriale, è stata la protagonista della trasformazione del gusto e dell'immagine, non meno che dei processi economici e produttivi; finita l'epoca degli stili classici, essa ha contribuito alla costituzione di un nuovo lessico formale e di una nuova figurazione, che interessano la scala della spazialità urbana ed insieme quella degli arredi, dei componenti e degli stessi dettagli costruttivi. Da allora funzione e spazialità, tecnologia e forma, quindi anche sperimentazione ed immagine, appaiono strettamente connesse secondo una linea esclusiva che coincide con quella dell'avanzamento espressivo nel linguaggio architettonico.

In questa prospettiva e quindi allo scopo di migliorare il prodotto edilizio e di qualificare la città moderna con la buona architettura, secondo una tradizione di cura urbana e di attenzione alla dignità degli spazi che caratterizza Venezia lungo tutta la sua storia, la Regione Veneto ha ritenuto, ancora nel 1988, di cogliere l'opportunità che veniva offerta dall'iniziativa di un valente gruppo di aziende italo-australiane operanti nel settore dell'innovazione applicata ai sistemi d'impianti ed alla componentistica relativa all'industrializzazione del settore delle grandi costruzioni edilizie. Il Quaternario 88 International Award for Innovative Technology in Architecture, solennemente proclamato nella prestigiosa sede della Sydney Opera House di Sydney due anni or sono, ha confermato con il suo ampio successo tale intenzione e tale formula.

Associare questa iniziativa a Venezia e al Veneto, promuovendo anche la seconda edizione del premio, che verrà qui consegnato nel corso dell'autunno 1990, è parso naturale ed opportuno, non solo perché Venezia è città simbolo dell'architettura e dell'urbanistica, ma anche perché essa consente di riguardare le più ardite sperimentazioni tecniche e figurative alla luce di una coerenza formale e di una continuità culturale che assai difficilmente si riscontrano altrove.

Il premio riunisce ormai città diverse e prestigiose, leader della cultura e dell'invenzione, come Sydney e Venezia finora, Londra e Tokyo, Singapore e New York domani; luoghi lontani nello spazio, eppur così vicini per le molte radici comuni e per la tensione verso la qualità urbana, sono ora associati, non solo dal lavoro e dall'impegno degli operatori italiani, ma anche da questo premio, divenuto ormai tradizione e testimonianza permanenti ed autorevoli.

Con vivo augurio.

Gianfranco Cremonese
Presidente della Regione Veneto

Public competitions to select town planning concepts and ideas for improving the quality of architecture are now numerous in various countries round the world, in Italy and even in our own region. However, for some time there has been a general awareness of the lack of any adequate recognition of the importance of technology and its contribution to improving methods of production, definition of the formal qualities of buildings and the beauty of contemporary architecture.

Innovations in manufacturing over the last two hundred years, with the advent of industrial civilization, have transformed taste and the imagination no less than economic and productive factors. With the end of the age of classical styles, technology has helped create a new formal vocabulary and new styles which affect the scale of urban space as well as the components and details of construction.

Since then, function and spatial values, technology and form, hence also experiment and image, appear closely connected in an exclusive line which coincides with that of the expressive development of the language of architecture.

Seen in this perspective, and with the aim of improving architecture and enhancing the modern city with good buildings as part of a tradition of concern with the urban environment characteristic of Venice throughout its long history, the Veneto Region decided in 1988 to accept the offer of an initiative promoted by an important group of Italo-Australian companies working in the sector of applied innovations in equipment systems and components for industrialization of large-scale constructions.

The Quaternario 88 – International Award for Innovative Technology in Architecture, inaugurated in the prestigious venue of the Sydney Opera House two years ago, confirmed the validity of these objectives by its success.

It was natural and appropriate to associate Venice and the Veneto Region with this initiative by promoting the second Quaternario award, to be adjudicated here in autumn 1990. This is not only because the city of Venice is one of the symbols of architecture and urban design but also because it will enable the boldest technical and formal experiments to be measured against the formal coherence and cultural continuity of the city, which it would be difficult to match elsewhere.

The award brings together many prestigious cities, leaders in the fields of culture and invention: Sydney and Venice today, London, Tokyo, Singapore and New York tomorrow. Cities distant in space yet with affinities in their common roots and their striving for urban quality, and united now not just by the work and commitment of Italian entrepreneurs and authoritative tradition and testimony.

I extend my very best wishes for the future of this award.

Gianfranco Cremonese
President of the Veneto Region

Il Sydney Opera House Trust è fiero di poter patrocinare, con Permasteelisa e con la Regione Veneto, il Premio internazionale di architettura Quaternario 90.
Il premio è un riconoscimento all'invenzione e all'innovazione nel progetto e nella costruzione, nonché alla sensibilità formale e ambientale nel campo dell'architettura: qualità di cui la Sydney Opera House ci sembra essere il simbolo più adeguato.
In settembre la Sydney Opera House celebrerà i diciassette anni di esistenza quale impareggiabile sede di manifestazioni artistiche e centro focale per abitanti, turisti e architetti.
Opera veramente ispirata nella concezione non meno che nella realizzazione, essa ha superato l'esame del tempo ad un livello di creatività e operatività veramente eccezionali, interpretando sempre al meglio gli standard richiesti da questo premio.
Il nostro più vivo auspicio è dunque che il premio possa essere di sprone e di incentivo ad altri progetti di pari livello qualitativo.

Lloyd Martin
Sydney Opera House Trust

The Sydney Opera House Trust is proud of our ongoing association with Permasteel – ISA, and the Veneto Region in supporting the international architectural award, Quaternario 90. The award seeks to recognize substantial technological invention or innovation in design and construction, and aesthetic and environmental sensitivity in the realm of architecture. Naturally we consider that the Sydney Opera House stands as a symbol for these qualities.
In September, the Sydney Opera House will celebrate seventeen years as a successful performing arts center and focal point for Sydneysiders, tourists and architects. Both in its conception and construction it was truly inspired.
It has stood the test of time as a highly creative and operational concept, matching the standards set by an award such as this. We trust that further designs, encouraged by this award, will continue to maintain these standards.

Lloyd Martin
General Manager

Il Premio internazionale per l'innovazione tecnologica nell'architettura Quaternario è arrivato alla sua seconda edizione. Questo volume, in cui sono raccolti i trenta migliori progetti selezionati dalla Giuria di I grado (Mario Botta, James Stirling, Gino Valle), dimostra la bontà della formula, la giustezza dell'obiettivo e la qualità della partecipazione.
Il Quaternario si è consolidato ed è in grado di rappresentare ogni due anni lo stato di avanzamento della progettazione architettonica e l'evoluzione dei sistemi produttivi nel settore delle costruzioni edilizie. Il premio è nato infatti con l'intento di accrescere l'attenzione verso un settore, quello dell'innovazione tecnologica, non sempre privilegiato e valorizzato adeguatamente, migliorando i prodotti di qualità e le applicazioni caratterizzate da invenzione e ardimento.
Collegando la storia antica di Venezia con la proiezione avveniristica di Sydney, il Quaternario compie un significativo viaggio nel tempo e nello spazio, che continuerà nelle prossime edizioni, quando esso interesserà altre città importanti della tecnica e della cultura mondiali.
Riprogettare gli spazi urbani, valorizzando oltre agli aspetti formali anche quelli funzionali delle strade e delle piazze, ridisegnare il verde nelle città e progettare gli edifici, gli spazi-lavoro, in modo da renderli sempre più vivibili e in giusto rapporto tra loro e con l'esterno: sono questi gli imperativi irrinunciabili del modo di costruire nel terzo millennio. Senza temere lo slancio verticale delle costruzioni, poiché esso favorisce il recupero delle aree verdi e può contribuire a risolvere il problema del consumo sfrenato di territorio operato negli ultimi trent'anni.
Anche nel nostro paese, il cui paesaggio costruito è tra i più ricchi di opere d'arte, le cui città sono splendide mappe di un passato stratiforme, nel quale i secoli hanno lasciato ciascuno segni di preziosità e di suggestione, il futuro della progettazione non può che essere rappresentato dalla tecnologia. E questo, senza nulla stravolgere ma anzi valorizzando ancor più l'esistente, liberandolo dai vincoli della funzionalità operativa alla quale destinare invece i nuovi edifici, e offrendo alla vita quotidiana le città storiche, onde queste non diventino inanimati musei. In greco antico, del resto, "techné" vuol dire "arte".
Quaternario vuole dunque essere il premio della nuova era in architettura, caratterizzata dalla fusione dell'umanesimo scientifico con la pianificazione colta e razionale dello spazio quotidiano.
Certo l'obiettivo è ambizioso, poiché pretende un mutamento profondo del pensiero corrente. Ma l'imprenditorialità creativa è il motore dello sviluppo, e deve sempre essere stimolante e progettuale nei confronti della classe politica, alla quale spetta invece l'arduo compito di programmare e pianificare. Dal confronto e dall'impegno comune maturano il progresso e la promozione umana, che accrescono la qualità della vita di tutti.
Con questo messaggio presentiamo questo volume e consegnamo i progetti selezionati di Emilio Ambasz & Associates, Arkkitehtuuritoimisto Heikkinen-Komonen, Arata Isazaki & Associates, Murphy/Jahn e Ran International Architects & Engineers alla giuria allargata con la presenza di Kenzo Tange e Norman Foster, affinché ne tragga il vincitore.

Franco Posocco
Segretario Generale per il Territorio Regione Veneto

Massimo Colomban
Chairman della Permasteelisa Group

Paolo Ceccarelli
Direttore dell'Istituto Universitario di Architettura di Venezia

This is the second Quaternario International Award for technological innovation in architecture.
The thirty best designs chosen by the jury (Mario Botta, James Stirling, Gino Valle) are here collected in this volume: they demonstrate the validity of the formula and objectives of the awards, and the quality of the entries.
The Quaternario is now firmly established, and the biennial awards reveal the progress made in architectural design and the evolution of productive systems in the field of construction.
The award was created with the aim of increasing an awareness of technological innovation, a sector that is not always adequately fostered and developed; and hence of fostering the range of applications and quality of imaginative innovations.
By linking the history of an ancient city like Venice with the futuristic trends of Sydney, the Quaternario award accomplishes a significant journey in time and space, which will be continued in future awards, focusing on other leading cities of world culture and technology.
The imperatives of construction in the third milennium will be to redesign urban spaces, enhancing the formal qualities of streets and squares as well as formal ones, reassessing the importance of garden spaces in the city while designing buildings and work spaces so as to make them better to live in and create a correct relation between interiors and exteriors. The vertical impulse in architecture should not be feared: it favors the retrieval of green areas and can help solve the problem of the frenzied takeover of the countryside in the last thirty years.
Here in Italy too, where the built landscape is rich in works of art, the cities are splendid maps of a many-layered past and the centuries have all left a rich and inspiring heritage, the future of design must of necessity be embodied in technology. This must be achieved not by destroying but enhancing existing architecture, freeing it from the constraints of functionalism, which should be the purpose of new buildings, while the historic cities should be made a part of daily life so that they never become lifeless museums. Remember that in ancient Greek tekné meant "art."
The Quaternario award is thus meant to represent the new era in architecture, characterized by the fusion of scientific humanism with the rational and cultivated planning of everyday spaces.
Naturally the objective is ambitious, since it calls for a profound change in current attitudes. But creative enterprise is the driving-force of development and must always be stimulating and farsighted in its relations with the political class, whose arduous task is rather to develop plans and programs.
From this interaction and common commitment spring progress and human growth, which improve the quality of life for all.
With this message we wish to introduce this volume and present the designs selected by Emilio Ambasz & Associates, Arkkitehtuuristoimisto Heikkinen – Komonen, Arata Isozaki & Associates, Murphy/Jahn and Ran International Architects and Engineers to the jury, enlarged by the presence of Kenzo Tange and Norman Foster, whose task it is to chose the winner.

Franco Posocco
General Secretary for the Territory Veneto Region

Massimo Colomban
Chairman of the Permasteelisa Group

Paolo Ceccarelli
Director of the Istituto Universitario di Architettura, Venice

Sommario

12	*Emilio Ambasz & Associates* Botanical Conservatory, San Antonio, Texas	106	*Adriano Galderisi, Silvano Zorzi, A. Laurora* Tempio del Sacro Cuore, Mestre
20	*John Andrews International* Intelsat Headquarters Building, Washington, D.C.	112	*Arata Isozaki & Associates* Sant Jordi Sports Hall
26	*Marcello Angrisani* Assicurazioni Generali, Centro direzionale a Napoli	120	*Edward Madigan Torzillo Briggs* Parramatta Commonwealth Offices
32	*Architectural Office N.V. Dutch Railways* Railway Station, Amsterdam-Sloterdijk	126	*Murphy/Jahn* Terminal 1 Complex, United Airlines
38	*Arkkitehtuuritoimisto Heikkinen-Komonen* Heureka, Finnish Science Center	134	*Remo Nocchi, Egidio Di Rosa* Nuovo mercato coperto, Massa
46	*Marcello Armani* Edificio Stella, Trento	140	*Gennaro Picardi* Rac Rescue Control Centre
52	*Alfredo Arribas Arquitectos y Associados* Louie Vega	146	*Ran International Architects & Engineers* Toronto Skydome
58	*Dante Benini e Ingex* Eurocetus B.V.	154	*Fariburz Sabha* Bahá'i House of Worship, New Delhi
64	*Böbel & Frey* Werkforum Dotternhausen	160	*Hinrich Storch & Walter Ehlers* Tagungszentrum Messe, Hannover
70	*Theodore Brown & Partners* R. Dakin and Company	166	*TAO Architects* Shukoh Head Office
76	*BV Architectenburo Cees Dam* House of the Future	172	*Peddle Thorp & Harvey* Central Plaza One
82	*Romualdo Cambruzzi* Centro ricerche Glaxo	178	*Giovanni Trevisan, Plinio Danieli, Piero Giacomazzi* Centro polifunzionale Terragliouno, Borgo Pezzana
88	*Deems Lewis McKinley, Arthur Erickson Architects and Loschky Marquardt & Nesholm* San Diego Convention Center	184	*Pompeo Trisciuoglio* Centro Follioley a Issogne, Valle d'Aosta
94	*Eisenman, Trott Architects* Wexner Center for the Visual Arts, Ohio State University, Columbus, Ohio	190	*Fernando Urquijo & Giorgio Macola* Descartes Tower
100	*Mario Foltran & Nerino Meneghello* Centro commerciale e direzionale "Comparto 14"	196	*Wilkins Klemm and Morrison* Four Seasons Kakadu Hotel
		202	Credits

Emilio Ambasz & Associates
Botanical Conservatory, San Antonio, Texas

Veduta notturna dei padiglioni.

Nocturnal view of the pavilions.

Il Centro botanico San Antonio è un complesso di serre da allestire nel clima caldo e asciutto del Texas meridionale. Diversamente dai climi nordici, dove le serre tradizionalmente vetrate aumentano al massimo la luce solare, il clima di San Antonio richiede che le piante siano protette dal sole.
Questa proposta usa la terra come contenitore e protettore delle piante, limitando le aree vetrate alla superficie del tetto. Una volta protetta da berme di terra, la serra si armonizza con le amene ondulate colline che la circondano. Il tetto è rialzato in taluni punti, per accogliere le piante alte; le varie forme di questi "picchi" tengono vantaggiosamente conto delle esistenti condizioni del vento e dell'orientamento verso il sole e danno ai tetti un aspetto ieratico, come un gruppo di templi secolari adagiati nel paesaggio.
Le sale sono sistemate intorno a un cortile a giardino che è tipico dell'architettura popolare del Texas. Da questo si accede alle diverse serre sotto un portico ombroso, che consente facilità di manutenzione lungo le strade di servizio e dà unità ai diversi edifici. Così ogni sala può essere trattata come un edificio separato con proprie condizioni climatiche e una sua configurazione spaziale: il padiglione d'entrata con un albero simbolico, la lunga e stretta "orangerie" con le sue file di alberi da frutto, la quieta e suggestiva sala delle felci con zampilli d'acqua e un velo di leggera nebbia e le sale dedicate ad ambienti speciali, che culminano nella grande casa delle palme pressoché sommersa in una foresta di piante.

The San Antonio Botanical Conservatory is a complex of greenhouses to be located in the hot, dry climate of southern Texas. Unlike northern climates, where traditionally glazed greenhouses maximize sunlight, the climate of San Antonio requires that plants be shielded from the sun.
This proposal uses the earth as a container and protector of the plants, controlling light and heat levels by limiting glazed areas to the roof. Once it is sheltered by earth berms, the conservatory preserves and harmonizes with the gently rolling hills around it. While the glazing is used as a cover for the earthen "container," the roof is raised in places to accommodate tall plants. The varied forms of these peaks take advantage of existing wind conditions and orientation to the sun, and give the roofs a hieratic presence as an arrangement of secular temples sitting serenely in the landscape.
The different rooms are organized around a garden patio or courtyard that is typical of Texas vernacular architecture. This affords access to the different greenhouses under a shaded arcade, provides for easy maintenance via the service roads, and unifies the various buildings. Each room can thus be treated as a separate building, with its own special climatic conditions and spatial configuration. This imparts a processional quality to the sequence of circulation through the conservatory: the entrance pavilion with a symbolic tree; the long narrow orangery lined with fruit trees; the peaceful fern room with its water cascades and mists; and the rooms with special environments, which culminate in the grand palm house that wraps around its forest of trees.

Prospettiva del progetto. *Perspective of the project.*

Vedute delle serre e del cortile interno.

Views of the greenhouses and the interior courtyard.

Vedute notturne delle sale di vetro.

Nocturnal view of the glass rooms.

Interni delle diverse serre.   *Interiors of the greenhouses.*

19

John Andrews International
Intelsat Headquarters Building, Washington, D.C.

L'amministrazione dell'Intelsat aveva avuto sede in tre edifici separati ma adiacenti nel centro di Washington; data la continua e considerevole crescita dell'impresa, era stato necessario provvedere alla costruzione di un nuovo edificio per il suo quartier generale.
Il nuovo edificio è situato su un terreno nel quartiere delle ambasciate (Embassy Belt) della capitale americana. Ospita circa 500 membri del personale dell'Intelsat e la sofisticata attrezzatura di controllo del Global Satellite System.
Il sito, destinato a divenire centro internazionale, comprendeva molti splendidi esemplari di antiche querce e altri alberi decidui. Si estende dalla Connecticut Avenue, coi suoi negozi, l'università e le rapide vie di transito su una pendenza di 13 metri, fino a una strada che dà accesso a una serie di nuovi palazzi per uffici sul pianoro retrostante.
L'edifico è stato sviluppato in base a moduli ottagonali interconnessi di spazi-ufficio che comprendono una serie di cortili.
I moduli sono impiegati in uno schema da quattro a sei piani, che rientra nei limiti di altezza fissati per gli edifici del distretto di Columbia. Questa sistemazione ha consentito di salvare le più importanti zone alberate negli angoli nord-ovest e sud-est del terreno e ha garantito una grande flessibilità degli spazi interni. I parcheggi e i servizi sono sistemati nei livelli sotterranei. I locali di riunione e amministrazione in prossimità del portale principale si aprono sulle terrazze dell'ultimo livello, mentre gli uffici sono situati al piano inferiore, offrendo ampie vedute della città di Washington.
Il quartier generale dell'Intelsat è essenzialmente un edificio "in salita". Dei suoi otto livelli, poiché il complesso sale lungo il pendio, cinque sono accessibili dal terreno adiacente. La massima quantità possibile di luce naturale entra all'interno grazie alla configurazione strutturale dei vari nuclei intorno ai cortili e all'uso di finestre a piena altezza lungo i lati.
Il massimo risparmio termico è ottenuto con un unico sistema di condizionamento a circuito chiuso. Il sistema è sorretto da struttura controvento; la luce solare entra d'inverno, mentre il sole estivo è attenuato da pannelli di vetro chiari, riflettenti e traslucidi, sistemati adeguatamente secondo l'angolo d'incidenza dei raggi solari. In questo modo i cortili conservano la loro funzione di pozzi di luce o atrii rispetto agli adiacenti spazi perimetrali.
La temperatura esterna immediatamente contro le finestre perimetrali esterne ed interne viene ulteriormente abbassata dagli specchi d'acqua sulle terrazze che sovrastano gli ambienti di servizio con gli impianti e nelle corti-atrii. Anche i tetti sistemati a giardino funzionano come termoisolanti addizionali e gli alberi decidui lungo le facciate escludono il sole estivo pur lasciando entrare il sole invernale.
Oltre a questi principi di energia passiva, il complesso impiega sistemi a bassa energia per immagazzinare il calore e recuperare l'energia dispersa costituendo così un esempio altamente innovativo non soltanto in risposta al sito e al programma.

Intelsat's administration had been carried out from three separate but adjacent buildings in the center of Washington, a new Headquarters building being necessary to cope with continued and substantial growth.
The new building is situated on site in the Embassy Belt of the American Capital. It accommodates about 500 Intelsat personnel and the sophisticated control equipment for the Global Satellite System.
The site, designated as an international center, contained magnificent stands of old oaks and other deciduous trees. It extends from Connecticut Avenue with its shopping, university and rapid transit faciliites up a 40-foot incline to a road giving access to a number of new chanceries on the plateau beyond.
The building has been developed from inter-connected octagonal modules of office space. They enclose a series of covered courtyards. The modules are in a four to six story configuration within the stipulated Washington height limit for buildings in the District of Columbia. This arrangement has allowed the retention of major tree stands at the northwest and southeast corners of the site.
Parking and servicing are accommodated in basement levels. Convention and administration facilities above the ceremonial entrance open out on to roof top terraces above offices below to provide expansive views of the city of Washington.
The Intelsat Headquarters is essentially a walk-up building. Of its eight levels, as the complex steps up the slope, five are accessible from adjacent ground levels. The maximum possible degree of natural lighting is admitted into interiors by the building configuration of pods around courtyards and the use of full height windows around the pod perimeters.
Heating and cooling loads are minimized by enclosing the interior air conditioned space. The enclosure, supported by a space frame, admits winter sunlight and excludes summer sun penetration by the location of clear, reflective and translucent glass panels arranged effectively with regard to sun angles. In this manner the function of the courts as light wells or atriums to adjacent perimeter spaces is maintained.
The temperature of air immediately against the internal and external perimeter windows is also favorably modified by the introdiction of ponding to the roof terraces above the exterior plant rooms and ponding within the atriums. Landscaping on all roof decks acts as additional insulation. Deciduous trees against the facades of the project tend to exclude summer sun and admit winter sun.
In addition to these passive energy principles, low energy system concepts of thermal storage and re-deployment of energy generated within the complex and the use of outdoor air economy cooling and recovery of relief air waste energy are incorporated. Italstat Headquarters is thus highly innovative, not only in its response to site and program, but also in technical innovation in the utilization of low energy principles.

Assonometria generale.   *Axonometric.*

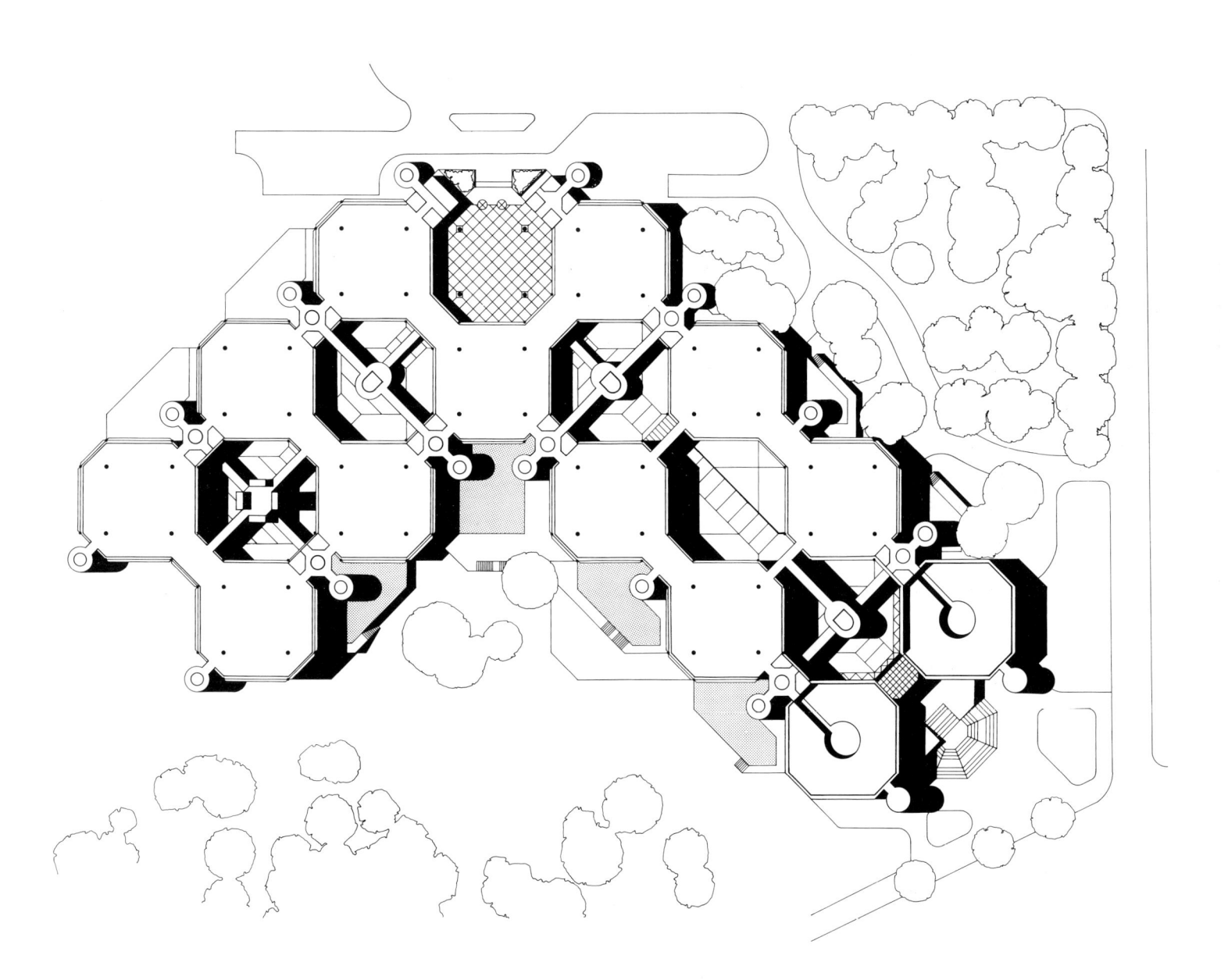

21

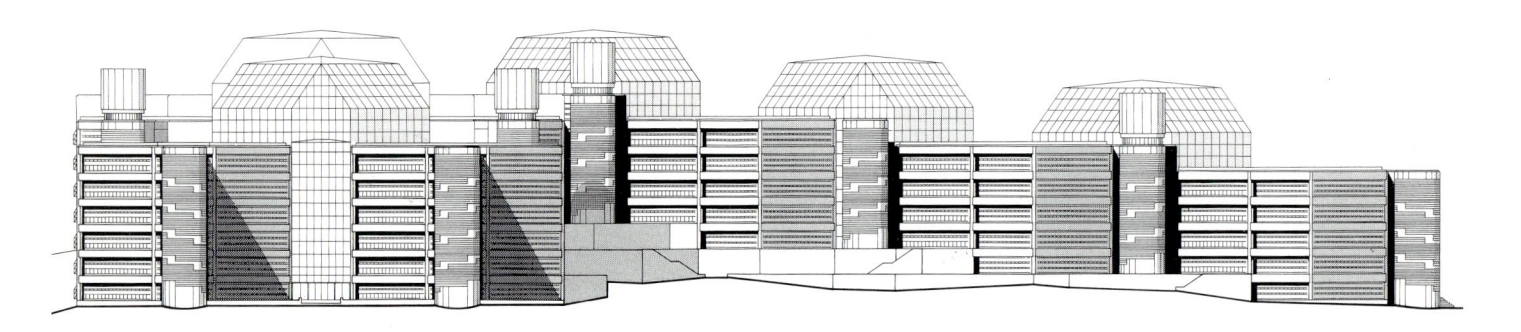

Particolari dell'esterno con l'ingresso e prospetto. *Details of the exterior with the entrance and elevation.*

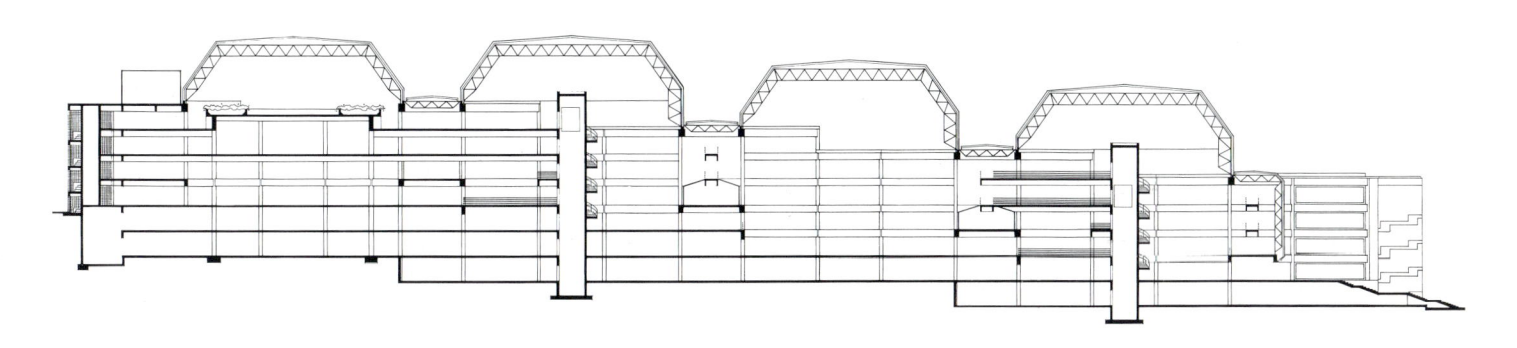

Dettagli delle corti interne e sezione. *Details of the interior courtyards and section.*

L'ingresso principale e scorcio dal giardino.

The main entrance and foreshortening from the garden.

Marcello Angrisani
Assicurazioni Generali, Centro direzionale a Napoli

La progettazione dell'edificio Generali si è confrontata con tre ordini di esigenze: la minimizzazione dei costi di costruzione e di gestione energetica, la realizzazione di un preciso standard di immagine e di qualità e la necessità di rispondere alle norme di sicurezza e di risparmio energetico.
Articolata su nove livelli, la struttura sviluppa un'altezza complessiva di circa trenta metri, prospetta a nord sull'ampia strada pedonale denominata «Asse verde», in prossimità di una delle piazze attraversate da tale percorso, verso sud, definisce una piazza pedonale chiusa simmetricamente sul lato opposto dall'edificio "gemello" compreso nello stesso lotto di fabbricazione. Sei dei nove piani utili dell'edificio sono destinati ad uffici, mentre il piano terra è occupato da un atrio di ingresso e da locali per esercizi commerciali. Al di sotto della quota di accesso pedonale, l'edificio è collegato alla rete veicolare che serve l'intero centro direzionale. Nel volume compreso tra la quota della rete viaria e quella della piastra pedonale, hanno trovato collocazione, su due livelli, i parcheggi, i locali di deposito degli esercizi commerciali e le attrezzature tecnologiche di servizio.
Un aspetto notevole del progetto per le Generali è che esso costituisce un esempio di ciò che gli americani chiamano costruzione "fast track", ovvero un processo di progettazione che procede per livelli successivi e indipendenti di approssimazione attraverso la simultanea assegnazione di appalti per la realizzazione di componenti distinte dell'edificio. Un altro aspetto è quello dell'uso di tecnologie innovative come la griglia del "curtain wall" che assolve un duplice ruolo in relazione alla funzione percettiva e tecnico-costruttiva. In questo modo, si realizza uno stretto legame tra il modulo adottato (a maglia quadrata con 0.60 m di lato) e le esigenze luminotecniche e igrotermiche, che rende ottimali le condizioni di illuminazione naturale e di confort negli ambienti di lavoro, grazie anche al sistema di regolazione della circolazione dell'aria all'interno dell'intercapedine tra la membrana esterna e la parete muraria.
Sostanzialmente, il principio del funzionamento e del comportamento energetico del sistema della "parete ventilata" si basa su due fenomeni termodinamici fondamentali: i moti convettivi indotti dal calore in un recipiente contenente gas e la dispersione energetica nel passaggio tra mezzi diversi.
I moti convettivi che spingono in alto masse d'aria riscaldate dai raggi solari sono stati sfruttati per attivare una circolazione forzata dell'intercapedine tra mura interne e membrana esterna dell'edificio: configurando quest'ultima in modo che la sezione della camera d'aria presentasse un restringimento a partire da una quota determinata, e regolando l'immissione e la fuoriuscita dell'aria nell'intercapedine mediante un sistema di griglie mobili, si è creato un sistema che per funzionare non ha bisogno di altra energia che di quella fornita dall'irraggiamento solare. Il principio dello scambio termico dissipativo tra mezzi diversi a temperature diverse è invece alla base del sistema di isolamento e di controllo ambientale che può contare sullo scambio tra gli ambienti interni e le pareti murarie, tra queste e il "cuscinetto" d'aria contenuto dell'intercapedine sagomata, tra l'aria in circolazione e la membrana costituita da pannelli vitrei a tenuta, ed infine tra la superficie vetrata e l'atmosfera esterna.
Nella stagione calda, la camera d'aria tra la parete muraria e la membrana vitrea funziona come un camino: l'aria affluisce dal basso attraverso le apposite griglie regolabili, viene riscaldata nella "camera di combustione" corrispondente alla parte inferiore della parete, alla quota del primo livello di uffici, quindi sale, per effetto dei moti convettivi, lungo la facciata nella stretta canna fumaria e fuoriesce dalle griglie superiori dopo aver sottratto calore alla muratura. Nella stagione fredda, la fuoriuscita dell'aria attraverso le griglie superiori è bloccata, l'aria riscaldata nella parte inferiore della camera risale lentamente lungo la facciata e si stabilizza su valori di temperatura intermedi.

The final design of the building had to meet three kinds of need: minimization of construction costs, achievement of a precise standard of image and quality, and the need to conform to safety standards and energy saving.
Articulated on three levels, the structure has an overall height of about thirty meters, facing north on a broad pedestrian mall named the "Asse Verde," close by one of the *piazzas* the mall cuts across. To the south it bounds a pedestrian *piazza* enclosed symmetrically on the opposite side by a "twin" building on the same site. Six of the nine floors of the building are earmarked for office space, while the ground floor is occupied by an entrance lobby and premises for shops and businesses. Below the level of pedestrian access, the building is linked to the road network serving the whole of the managerial center. The volume between the road level and the pedestrian deck contains two levels of parking space, storage areas for the shops and technical and service plant.
An outstanding feature of the design for the building is that it constitutes an example of what the Americans call "fast track" construction, i.e. a process of design that proceeds by successive and independent levels of approximation through the simultaneous assignment of contracts for construction of different segments of the building. Another feature is the use of innovatory technologies such as the curtain wall grid which has a double role in relation to perception and techniques of construction. In this way a close relationship is created between the basic grid adopted (a square measuring 0.60 meters on each side) and the technical problems of illumination and heating, with the optimization of natural lighting and comfort in the work areas, thanks also to a system of regulating the circulation of air within the cavity between the outer membrane and the masonry wall.
Essentially the principle underlying the functioning and efficiency of the "ventilated wall" system is based on two fundamental thermodynamic phenomena: the convection currents created in a container holding a gas and the dispersion of energy in the transfer of a gas from different environments. The convection currents that drive upwards the masses of air heated by the sun's rays are exploited to activate a forced circulation system in the cavity between the inner and outer walls of the building. The latter has been so designed that the section of the air chamber narrows and enables the air to be let in and out by means of a system of moveable grids, which is worked by the energy provided by the sun's rays. The principle of heat exchange dissipated between different environments at different temperatures underlies the insulation system and system of climatization as well, which is based on the exchange of heat between the interiors and the masonry walls, between the circulating air and the membrane of glazed panels, and finally between the glass surfaces and the outer atmosphere. In the summer the chamber of air between the masonry wall and the glazed membrane functions like a chimney: the air flows from below through the adjustable grids, it is a warmed in the lower part of the wall and rises with the convection currents along the facade in the narrow "flue," then emerges from the upper grids after absorbing heat from the masonry wall. In the winter, the air outlet near the upper grids is closed off, the warm air in the lower part of the cavity rises slowly along the facade and creates a barrier whose temperature is intermediate.

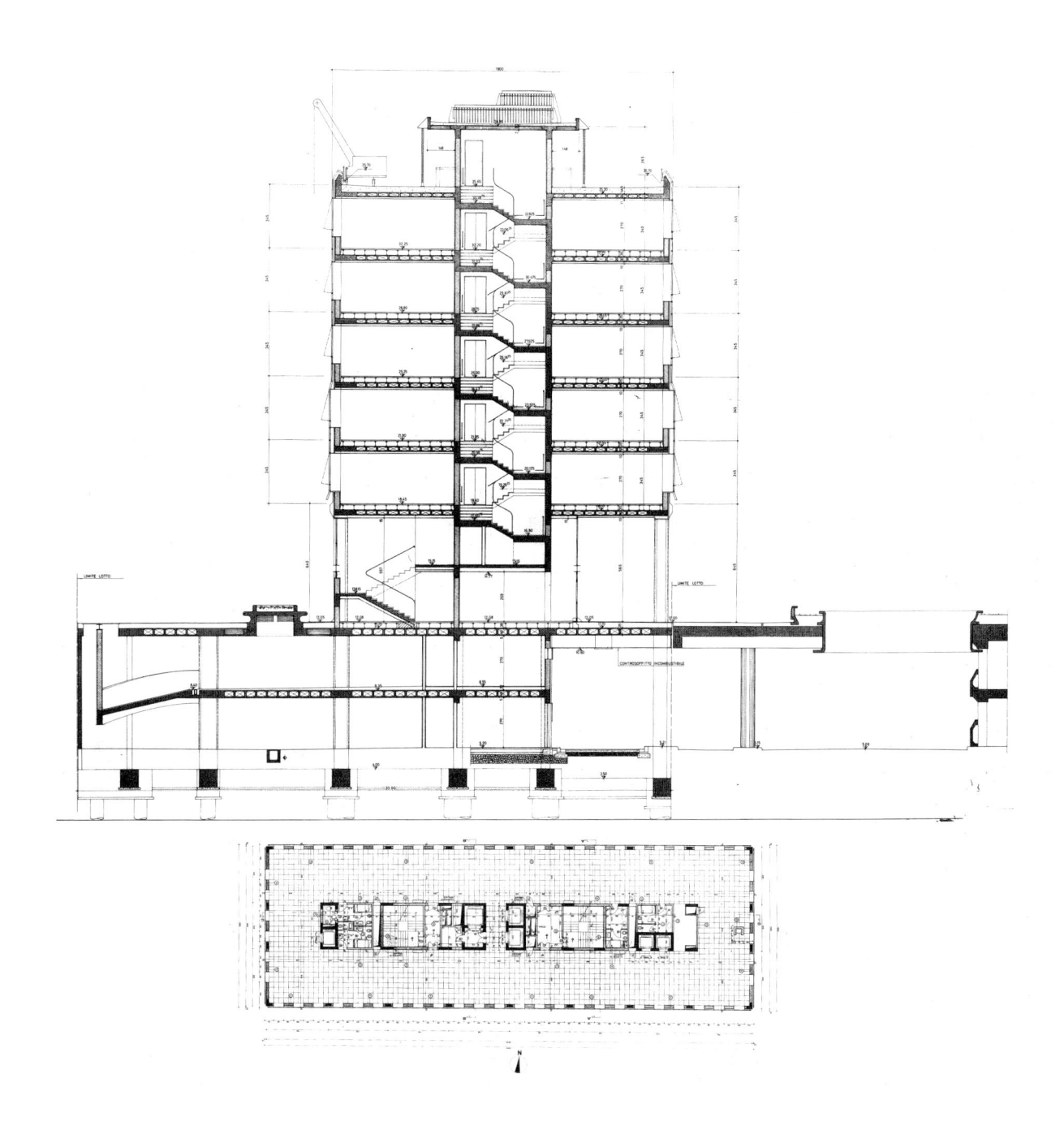

Sezione trasversale e pianta.   *Cross section and plan.*

Scorcio di un fronte laterale. *Foreshortening of a side.*

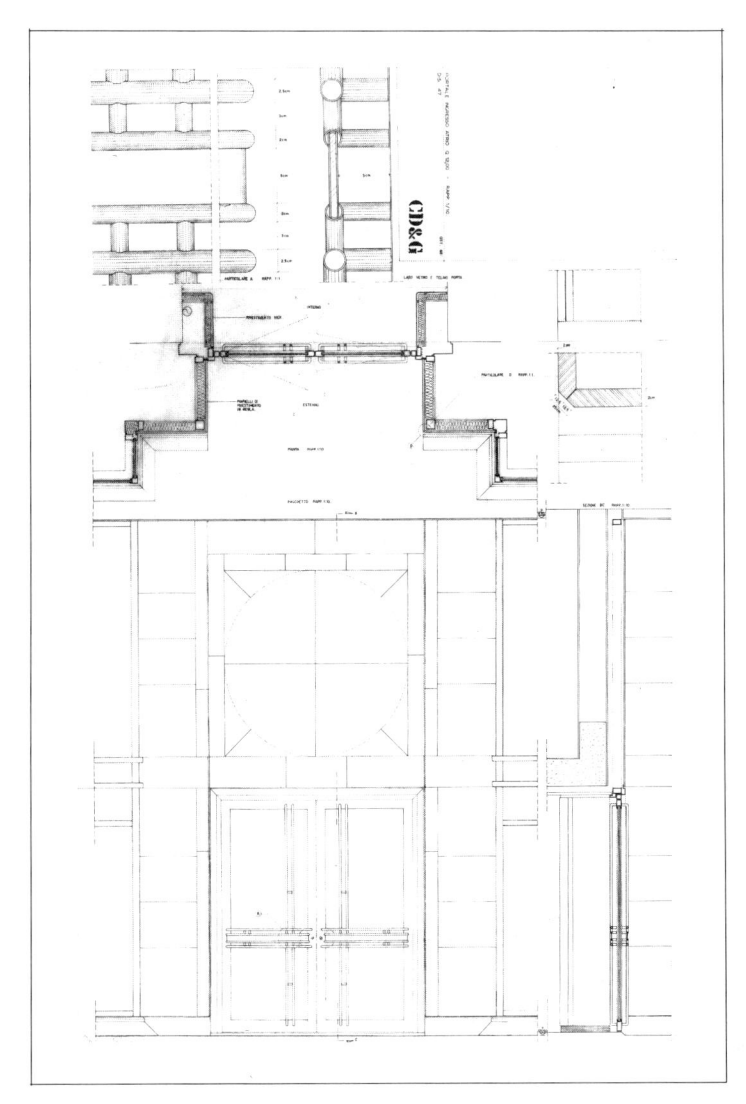

Dettaglio e veduta dell'ingresso.   *Detail and view of the entrance.*

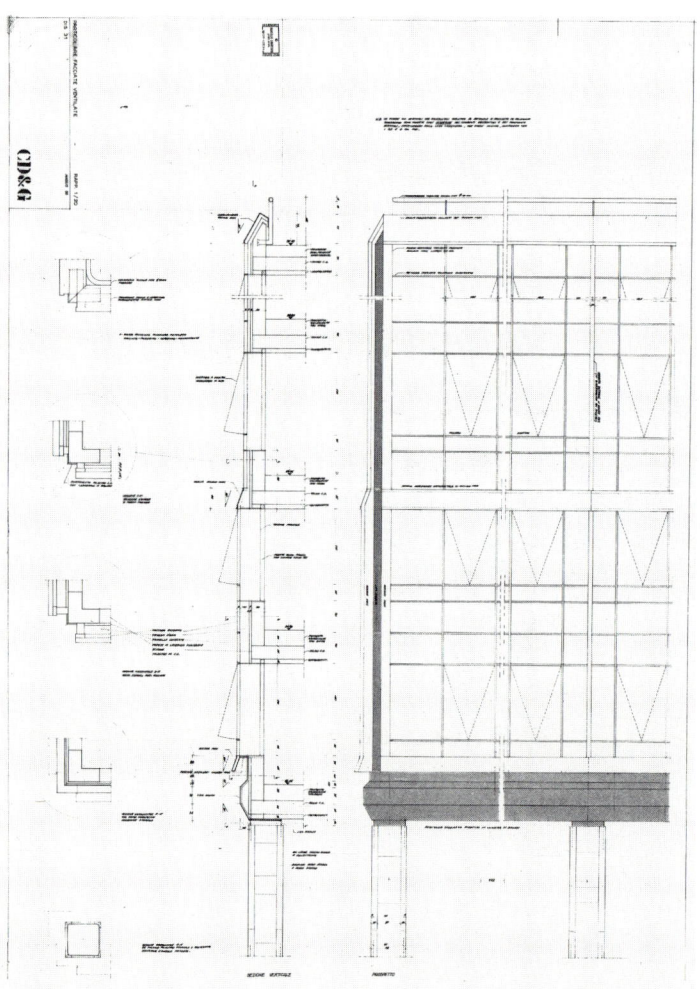

Veduta d'angolo e dettaglio costruttivo della parete.

Corner view and construction detail of the wall.

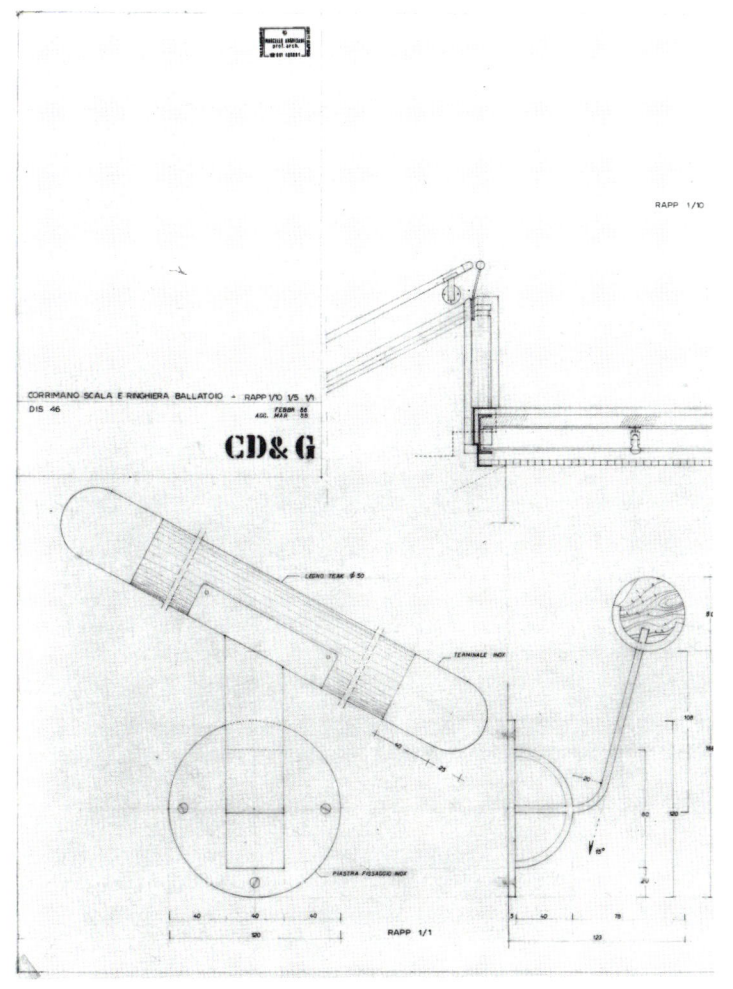

Dettaglio costruttivo e particolare del corrimano.

Construction detail and detail of the handrail.

Architectural Office N.V. Dutch Railways
Railway Station, Amsterdam-Sloterdijk

Il punto di partenza della progettazione è emerso dall'osservazione del contesto: la nuova stazione doveva costituire la controparte in acciaio delle gigantesche strutture di servizio in cemento costruite al di sopra e al di sotto dei binari. Da uno studio più approfondito dei progetti presentati fino a quel momento risultò evidente la necessità di un drastico cambiamento nell'organizzazione funzionale del livello intermedio. L'eliminazione di due vani d'ascensore nella parte occidentale e l'impianto di due nuovi sul lato orientale delle strutture di servizio avrebbero reso possibile passaggi più brevi fra i tre livelli e una migliore vista d'insieme.
Sull'esempio della stazione di Amstel, i servizi furono spostati sui lati. In questo modo si definiva un grande atrio, con la biglietteria a destra e il bar a sinistra, entrambi con vista sul salone e sul piazzale antistante la stazione. Era dunque opportuno che l'interno del salone rimanesse per quanto possibile sgombro da costruzioni e che si evitasse di creare altri punti di sostegno a parte i necessari supporti del viadotto posti sul fondo.
I vani dei vecchi e dei nuovi ascensori costituivano pertanto l'unica possibilità per nuovi supporti. Questi quattro punti conducevano inevitabilmente al tracciato di una struttura reticolare collocata al di sopra dei punti nodali della ferrovia. Il tetto e le pareti del salone sono sospesi a tale struttura.
Nessuna importante forza orizzontale viene conferita alle sottostrutture come risultato delle forze puntuali e delle tensioni termiche. I supporti occidentali della struttura reticolare non trasmettono forze orizzontali, come appare evidente nella forma stessa. Anche i due sostegni orientali terminano a punta, come quelli sul piazzale antistante la stazione, perché qui sono stati installati i due nuovi ascensori. Le travi e i sostegni della struttura reticolare formano i portali al di sopra dei binari. Nella prospettiva principale della stazione, questi portali mettono in risalto le quattro direzioni di provenienza dei treni.
Il piano del tetto è sospeso su un'intelaiatura tridimensionale (Mero) che si attacca a metà dell'altezza sistematica delle travi della struttura reticolare, esattamente nel punto di intersezione della diagonale portante. L'intelaiatura tridimensionale si estende ai fronti laterali. I sostegni della struttura reticolare nel piazzale antistante sono scostati dalla facciata, sicché nessuna spinta orizzontale dal fronte viene scaricata sui supporti. Nel collegare il soffitto del salone alla copertura delle piattaforme dei binari, la galleria, era necessario garantire una certa libertà di movimento. In questo caso la soluzione fu un lucernario flessibile.
Altro elemento importante è il tetto chiuso della piattaforma della linea sopraelevata Schilphol; era necessario integrare la piattaforma e il treno sotto una sola copertura chiusa per la sicurezza dei viaggiatori. Le condizioni di un facile orientamento panoramico, e della sicurezza del pubblico, richiedono una copertura trasparente. Il tetto della piattaforma consiste di una sezione trasparente e di una ancorante. Gli elementi ancoranti consistono di due sezioni del tetto tra le quattro travi maestre longitudinali. Una putrella controvento è stata installata non nella sezione bloccante del tetto, ma fra le travi maestre centrali. Le travi maestre sono esterne al lucernario centrale, che assicura così una buona illuminazione naturale alla piattaforma, agli accessi e ai settori del salone attraversati dal viadotto. Nel corso della progettazione, le opinioni sull'architettura si sono opportunamente combinate con le necessità costruttive. Gli elementi decorativi che sembrano aggiunti di primo acchito sono in realtà emersi durante la costruzione. Il risultato viene a confermare la mia convinzione che l'architettura debba aspirare a raggiungere la sintesi tra forma e metodi costruttivi.

An initial starting point for the design was born when surveying the construction site: the new station had to become a steel counterpart of the gigantic concrete engineering works which had been erected over and under the tracks. A closer study of the latest design up to that time made it quite evident that the functional layout of the intermediate layer had to be drastically changed. Shorter routes between the three levels and a better overview became possible by omitting two lift shafts in the western gable and to replace them by two new lifts on the eastern side of the engineering work. A reflection of the boarding points of the low lying platforms also shortened the route. An efficient "freshening up space" for passengers was created in this way in the back of the station hall. Inspired by the Amstel station, the provisions in the station hall were shifted to the edge. In this way a main entrance was created with the booking office to the right and the station refreshment room to the left of the entrance.
It was desirable not to create any new support points in the hall apart from the necessary support points of the viaduct at the back of the station hall.
The two old and two new lift shafts remained as the only possibility of an alternative foundation. These four points as it were inevitably led to the design of a table structure located above the nodal point of the railway. The roof and gables of the station hall were suspended from the table. No large horizontal forces were transmitted to the substructure as a result of the point forces and temperature stresses. The western table legs hardly transmit any horizontal forces, which became quite evident from the shape. The two eastern table legs could simply terminate in a point shaped support, like on the forecourt, because two new lifts were housed here. The table girders and legs form portals over the tracks. In the main perspective of the station, these gates also emphasise the four directions from which the trains approach the station.
The roof surface is suspended on a three-dimensional lattice (Mero), which grips at half the system height of the table girders, namely exactly at the point of intersection of the body diagonal. The three-dimensional lattice is extended into the side gables. The table legs in the forecourt are away from the front face, so that no horizontal forces from the front face are transferred to the support via the legs. A certain amount of freedom of movement had to be guaranteed when connecting the roof of the station hall to the roof of the platforms, "the tube." A following flexible light beam was the solution in this case. Another important element is the closed platform roof of the elevated Schiphol line. It is necessary to integrate the platform and the train under one enclosed cover for the protection and safety of the passengers. Boundary conditions such as overview orientation and social safety cry for a transparent cover. The platform roof consists of a transparent and blocking section. The blocking areas consist of two roof sections between the four longitudinal purlins. A cross brace has been installed not in the blocking roof section, but between the center purlins. The center skylight makes the purlins stand out and insures sufficient daylight on the platform and on the boarding and alighting points to the platform and even to the sections of the hall under the viaduct via the empty spaces. Looking back on the design process, the cooperation is to be characterized as mutual stimulation. Architectural starting points appeared to fit in with construction necessities. Decorative elements added at first sight have in reality to a large extent flowed from the construction. The result has contributed to the reinforcement of my opinion that architecture should aspire to achieve a synthesis with construction.

Veduta generale del modello.   *View of the model.*

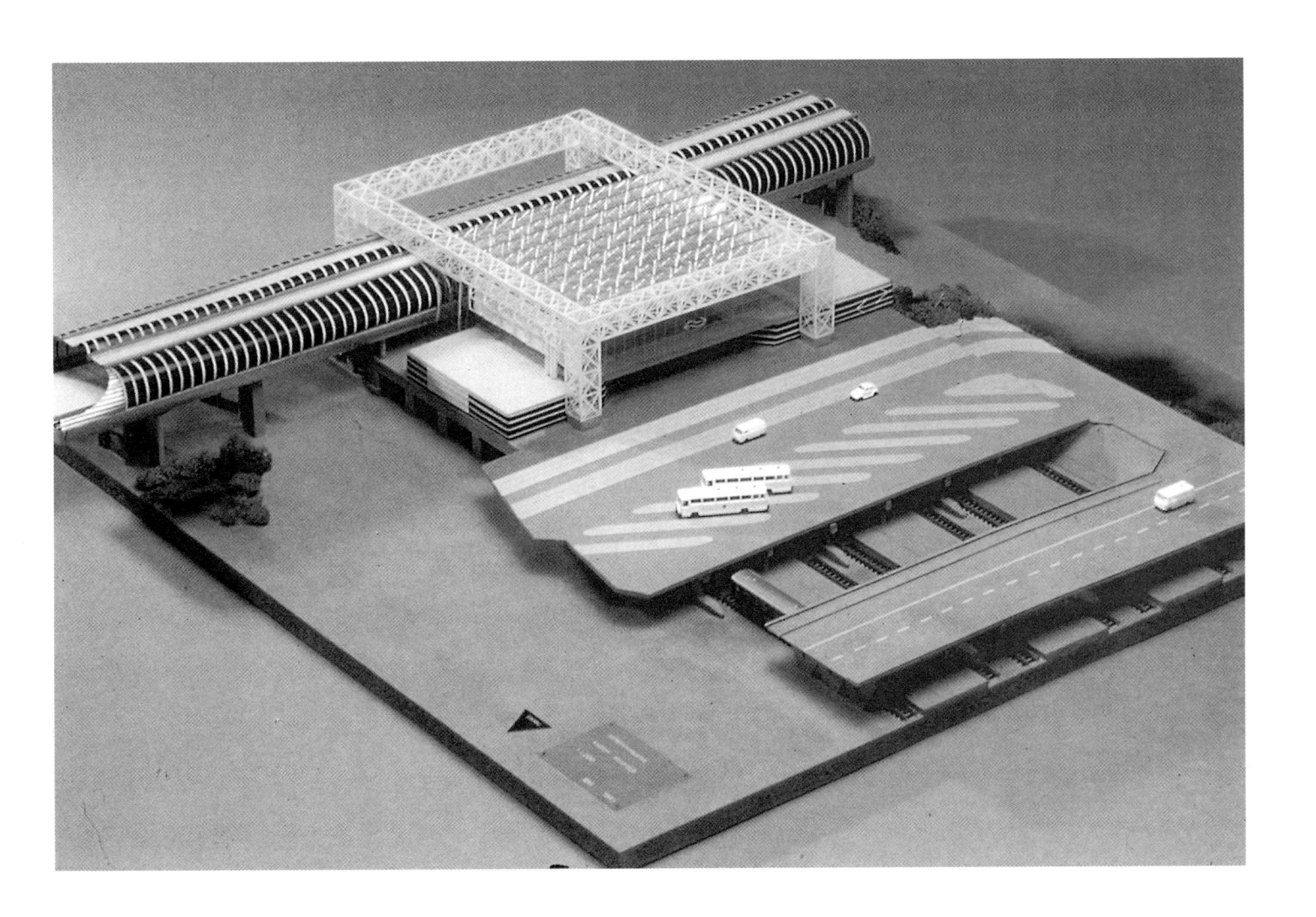

Veduta e prospetto della grande struttura reticolare con l'ingresso della sopraelevata nella stazione.

View and elevation of the large structure with the entrance to the raised station platform station.

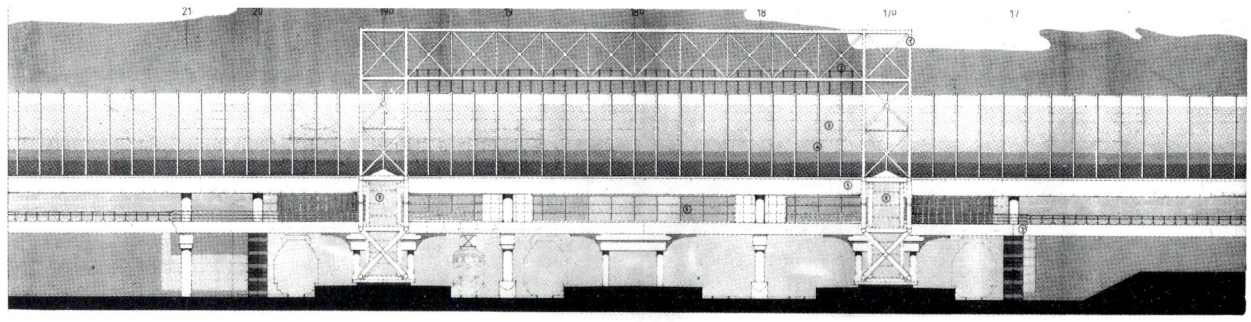

Dettagli delle strutture di copertura.   *Details of the roof structures.*

Vedute e prospetto del fronte d'ingresso.   *Views and elevation of the entrance.*

La galleria della sopraelevata e sezione trasversale.

The walkway of the raised platform and cross section.

37

Arkkitehtuuritoimisto Heikkinen-Komonen
Heureka, Finnish Science Center

Il Centro scientifico finlandese sorge nel punto in cui la più frequentata linea ferroviaria del paese incontra il fiume Keravanjoki, in una tranquilla zona oltre le rapide. Questo fiume, che sbocca nel golfo di Finlandia, attraversa la più antica regione culturale finlandese.

Il Centro scientifico è un edificio per esposizioni, che comprende anche un auditorium, aule scolastiche, un planetario combinato con cinematografo a schermo panoramico, un ristorante e un negozio.

La facciata in vetro riflettente che guarda sulla linea ferroviaria costituisce uno schermo acustico contro il fragore dei treni. Le strutture in acciaio, che dividono l'alzato di 100 metri in 31 parti eguali, riportano i colori dello spettro prodotti da analisi di laboratorio e vernici speciali. Le superfici prismatiche di uno schermo speculare, progettato sull'altro lato della linea ferroviaria, rifrangeranno la luce solare nei colori dell'arcobaleno. Questa doppia dimostrazione illustrerà così un fenomeno naturale e la corrispondente interpretazione scientifica.

Il "giardino di pietra" che domina il viale d'accesso all'edificio riproduce la mappa geologica della Finlandia e indica fin dall'inizio al visitatore che il messaggio del Centro scientifico non vuole solo esaltare conquiste tecnologiche ma anche riflettere il lungo ciclo della natura e delle culture.

Una componente non materiale dell'architettura sarà un raggio laser che collegherà le sommità di quattro antenne alte dieci metri disposte lungo i lati dell'area. Visibile nei giorni di bel tempo, questa magica linea perimetrale farà dell'intero lotto, materialmente diviso dalla ferrovia, un tutto unico visivo e indicando i punti cardinali, formerà un immenso ponte al di sopra dei binari visibile agli aeroplani in arrivo o in partenza dal vicino aeroporto di Helsinki-Vantaa.

All'interno, il fulcro architettonico di Heureka è lo spazio per le esposizioni, cilindrico, alto 14 metri. Questa sala è sotto certi aspetti affine alla rotonda di Gunnar Asplund nella Biblioteca civica di Stoccolma, edificio in cui per un accordo fra l'architetto e la direzione della biblioteca furono ospitate opere considerate di importanza fondamentale per la cultura. La sala a pilastri che circonda il cilindro centrale espone la documentazione di applicazioni scientifiche, mentre la sala circolare sorretta da archi in legno è destinata a esposizioni temporanee.

Come costruzione, il Centro scientifico usa materiali e sistemi costruttivi differenti, quali il calcestruzzo, l'acciaio e le strutture lignee. È stato realizzato in gran parte con componenti prefabbricate, ma alcuni elementi sono stati gettati in cantiere.

Come è di norma in Finlandia, questo importante edificio pubblico è il risultato di un concorso architettonico aperto. Il concorso si concluse nel 1986. L'edificio fu portato a termine nel dicembre 1988 e aperto al pubblico nell'aprile dell'anno successivo.

The Finnish Science Center is located at the junction of the busiest railway line in the country and the Keravanjoki river, on a calm stretch below the rapids. The banks of this river, which runs into the Gulf of Finland, mark the oldest cultural landscape in Finland.

The Science Center is an exhibition building which also has an auditorium, classrooms, a combined planetarium and super widescreen cinema, a restaurant and a shop.

The reflecting glass front facing the railway line is an acoustical shield against noise from trains. Its steel structures show the systematic division of visible light into colors. The structures divide the 100-meter elevation into 31 equal parts, the corresponding spectrum colors being produced by laboratory analysis and special paints. A mirror-image spectrum fence is planned for the other side of the railway line; its prism surfaces will refract sunlight into the colors of the rainbow. This double demonstration will thus show a natural phenomenon and its scientific interpretation.

The "stone garden" which dominates the accessway to the building reflects Finland's geological map and shows visitors right from the beginning that the Science Center's message is not just there to show technological achievements but also to reflect the long cycle of nature and cultures.

A non-material component in the architecture will be a laser beam linking the tops of four 10-meter masts on various sides of the plot. Visible in fine weather, this magic boundary will link the plot, otherwise divided by the railway, into a visual whole, indicate the main points of the compass, form a gateway over the tracks and also be visible from aircraft using the nearby Helsinki-Vantaa airport.

The major interior space and architectural focus of Heureka is the 14-meter high cylindrical exhibition hall. The basic exhibition in the central hall is called "Universe and Life." This solution is in a way akin to Gunnar Asplund's rotunda in the Stockholm City Library. In a collaboration between the architect and the library management, this space was used to house works that were considered crucial to culture.

The pillar hall surrounding the central cylinder displays applications of science. The curved hall, supported by glue laminated wood arches, is for short-term special exhibitions.

In construction and materials, the Science Center is a kind of agglomeration. It contains concrete, steel and wooden constructions. It was assembled mainly from prefabricated components, but some parts were also cast in-situ.

The construction uses the basic architectural elements of the project: a cylindrical central hall, a curved hall for changing exhibitions, the sphere of the Verne Theater and the fan-shaped auditorium. These spatial elements cut across and into the modular-framed pillar hall and partly into each other. For each, a suitable and characteristic structural system was developed.

The pillar module in the permanent exhibition hall is 9.6 meters in both directions. The pillars are formed of component pillars, there being four of these in the pillars in the center of the hall, two in those at the edges, and one in the pillars at the corners. This gives a clear demonstration of weight distribution.

The floor of the exhibition hall also functions as an installation floor, since a semi-heated maintenance space has been left below the floor to house all necessary HEPAC and electrical installations. Outlets and connectors have been provided for at intervals of 2.4 meters in a grid extending throughout the building. The aim was to provide a flexible installation support for constructing exhibitions.

The external walls of the pillar hall are faced with one-inch thick prestressed white concrete slabs. These sand-blown elements measure 60 x 120 cm.

As is usual in Finland, this important public building was the result of an open architectural competition. The competition was judged in 1986. The building was completed in December 1988 and opened to the public on April 28, 1989.

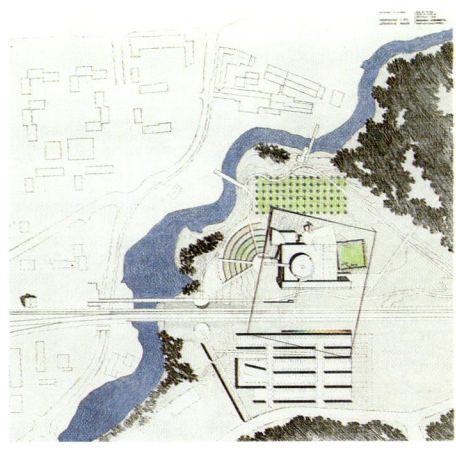

Veduta del ponte sul fiume e planimetria generale.

View of the bridge over the river and general plan.

Assonometria generale e veduta d'insieme.

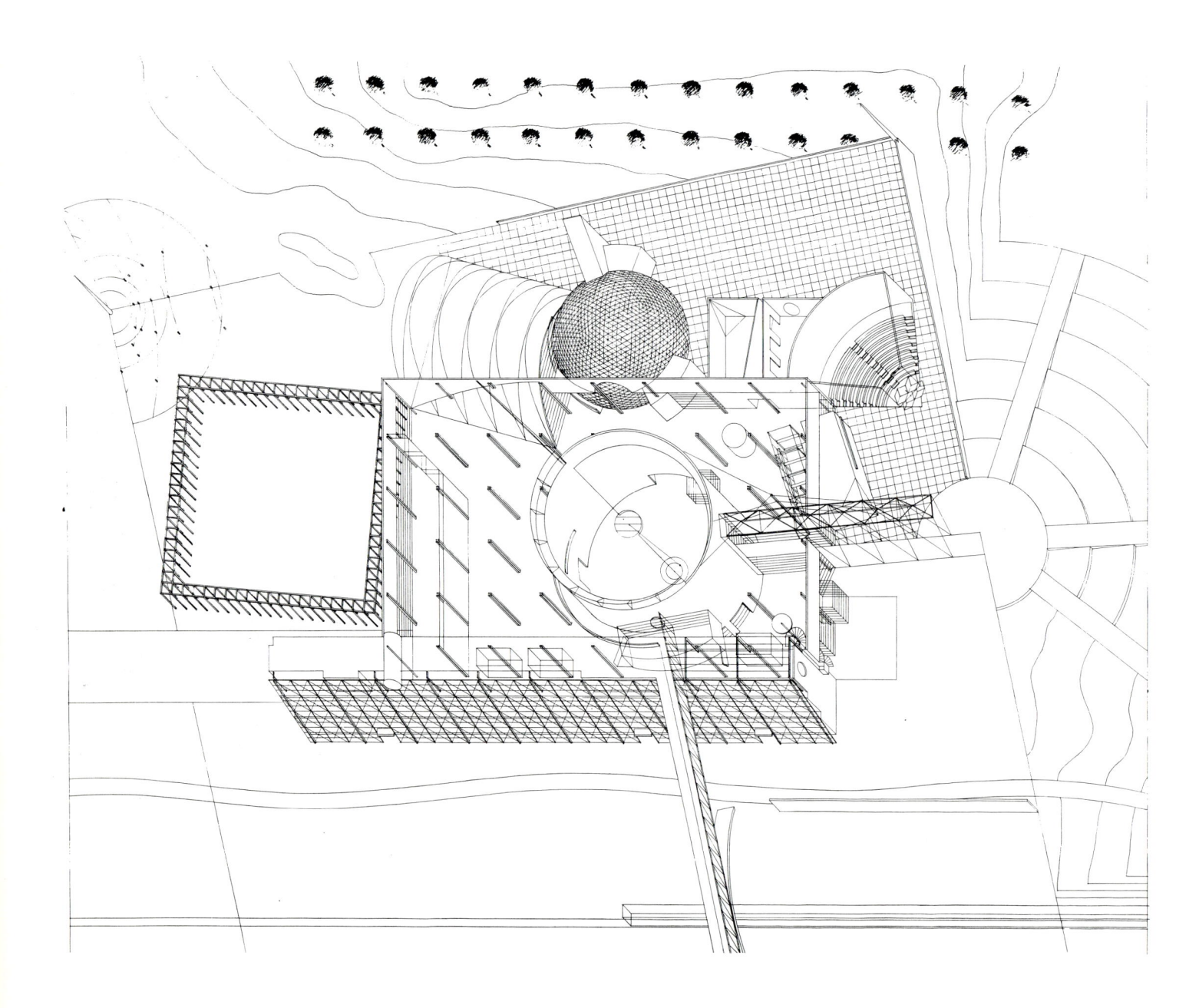

Axonometric and overall view.

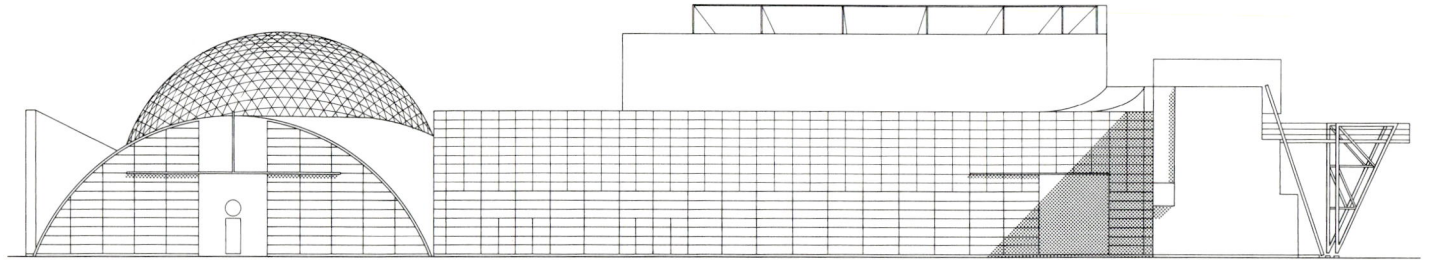

Veduta del fronte posteriore e prospetto laterale.

View of the rear of the building and side elevation.

Il "giardino di pietra".   The "stone garden."

Particolari delle sale interne e sezione.

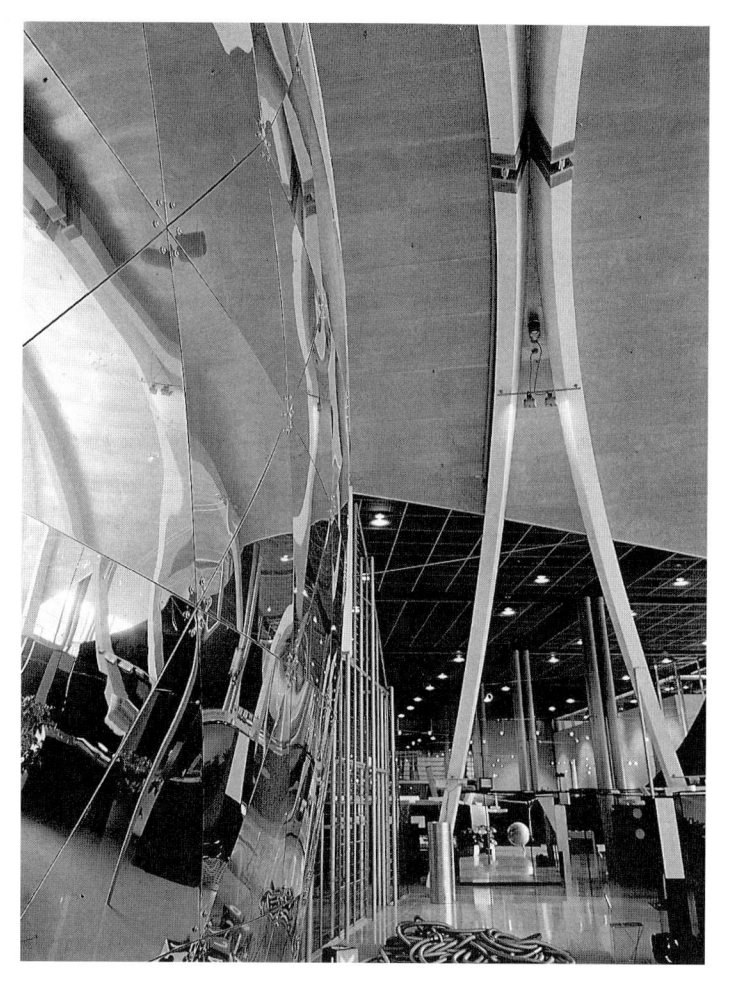

Details of the interior halls and section.

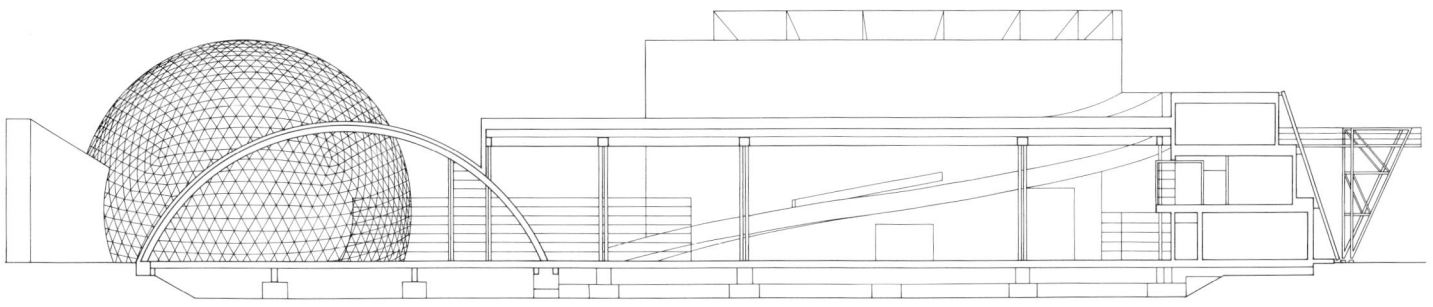

45

Marcello Armani
Edificio Stella, Trento

L'edificio è situato nella zona direzionale sud di Trento ed è stato progettato nei suoi aspetti formali e costruttivi in modo da rispondere pienamente alle esigenze di identità e comunicazione delle società committenti, fra cui l'Associazione degli industriali trentini. Ha una superficie coperta di 6.000 mq fuori terra destinati prevalentemente ad uffici. La parte interrata comprende parcheggi, locali tecnologici, un centro per meetings e conferenze e la sede di uno studio televisivo. La costruzione nel suo insieme è caratterizzata dall'uso di materiali e tecnologie avanzate così da rappresentare un vero e proprio esperimento di risparmio energetico.
Per ottenere un risparmio del 40-50% rispetto ad un edificio tradizionale, sono entrati nell'equazione energetica fattori passivi come:
Il microclima: l'edificio è infatti situato in un parco alberato vicino ad un grande specchio d'acqua, che assorbe il calore dei raggi del sole riflessi dalla facciata inclinata.
L'orientamento: con asse est-ovest e con le facciate laterali cieche. Pertanto solo la facciata sud è colpita parzialmente dai raggi solari.
L'inclinazione della facciata: corrispondente all'angolo dei raggi solari al solstizio d'estate che impedisce l'insolazione e consente d'inverno, quando il sole è più basso sull'orizzonte, l'assorbimento dei raggi calorici.
La scelta dei materiali: sono stati usati vetri selettivi riflettenti color bronzo, ottimo isolamento per le parti cieche. E fattori attivi come la facciata integrata costituita da una griglia portante i pannelli di facciata, in profili in ferro a sezione rettangolare, in cui scorre il fluido termico e l'aria primaria in quantità tale da consentire una temperatura di esercizio inferiore ai sistemi tradizionali, nonché il recupero di calore da ogni sorgente che lo produce (persone, macchine, illuminazione).
L'elemento caratterizzante è costituito dalla facciata inclinata che, pur incombente, trasmette un grande senso di leggerezza e vibrazione dovute alle interagenti condizioni di riflettenza, nell'acqua e nei vetri, del paesaggio circostante, delle persone in movimento, della luce variabile sottolineando un effetto di "grande schermo".
Il sistema strutturale è costituito da travi e pilastri in acciaio. Le scale e i vani ascensori con effetto controventante sono in cemento armato. Solai e copertura sono costituiti da piastre prefabbricate precompresse in cemento armato appoggiate sull'ala inferiore delle travi. Le parti trasparenti e cieche della facciata vetrata sono costituite da vetrate isolanti, riflettenti e selettive color bronzo. I rivestimenti delle facciate est ed ovest sono realizzati in pannelli di Alucobond.

The building stands in the managerial district south of Trento and was designed formally and technically so as to meet the need to express the identity of the clients and communicate their key concepts. The clients included the Association of Industrialists of Trentino. It has a covered surface of 6,000 square meters above ground level and is intended mainly as office space. The basement section includes parking, technical installations, a conference and reunion center and the premises of a TV studio. The construction as a whole is characterized by a distinctive form and the use of advanced materials and technologies, and constitutes a full-scale experiment in energy-saving.
To achieve savings of 40-50% compared with traditional buildings, "passive" factors were incorporated. These included: microclimate: the building is sited in a wooded park close to a large pool that absorbs the heat rays from the sun reflected from the sloping facade; orientation: with an east-west axis and blind side elevations. Hence only the south facade is struck partially by sunrays; sloping facade: the degree of inclination has been calculated on the basis of the sun's rays at the summer solstice to prevent absorption of heat, and in winter when the sun is lower on the horizon to favor absorption of heat; choice of materials: bronze-colored selective reflecting glass was used, an excellent insulation material for the "blind" sections.
Active factors were included in the design, as follows: integrated facade: comprising a grid supporting the facade panels in rectangular-section iron elements – the thermic fluid and primary air flow through this in quantities sufficient to permit a working temperature below that of traditional systems; heat retrieval: from all heat-producing sources (people, machines, lighting).
The distinctive feature of the building is the sloping facade which leans forward yet communicates a sense of lightness and vibrancy due to the interplay between the light, the surrounding landscape and people in movement, all reflected in the water and the glass surfaces of the buildings, creating the overall effect of a "large screen."
The structural system consists of steel beams and pillars. The stairs and elevator wells are windbraced and built of reinforced concrete. The floor and roofing slabs are prestressed prefabricated reinforced concrete resting on the lower flange of the beams. The transparent and "blind" sections of the glazed facade are composed of isolating glass, either reflecting or bronze-colored glass selective of light rays. The cladding of the east and west facades are in Alucobond panels.

Veduta del centro. *View of the center.*

Pianta e prospetto. *Plan and elevation.*

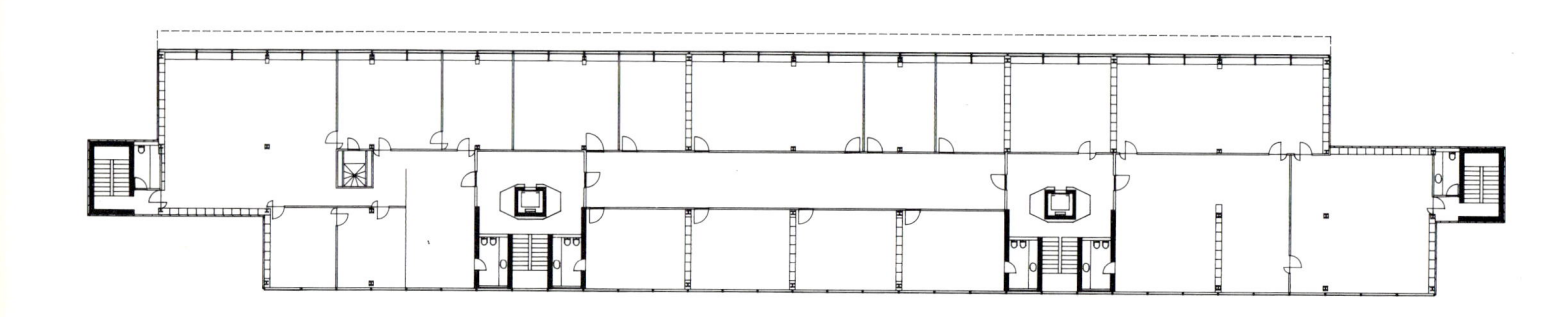

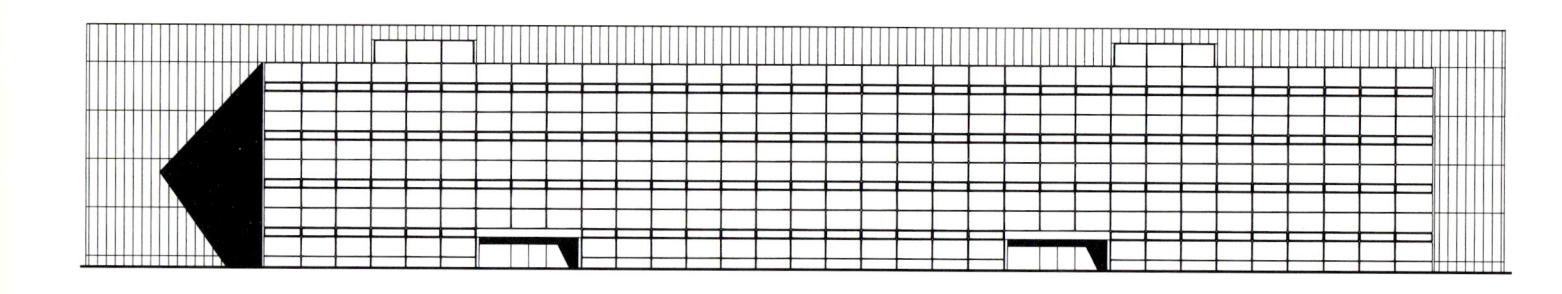

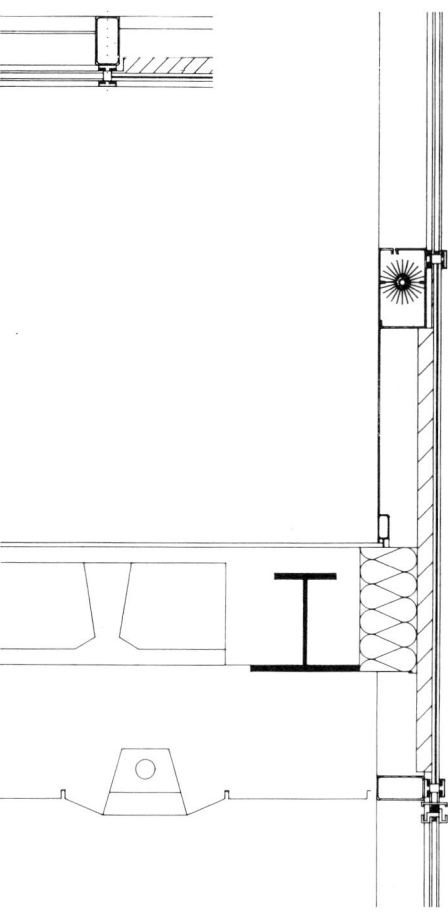

Particolare della facciata inclinata e dettaglio costruttivo.

Detail of the sloping facade and construction detail.

Il fronte inclinato sull'acqua e schemi della riflessione del calore.

The sloping facade towards the pool and schemes of heat reflections.

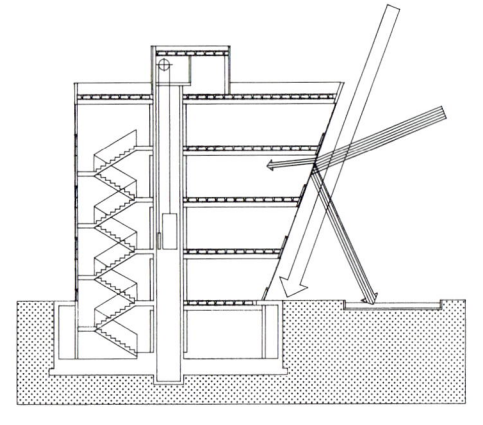

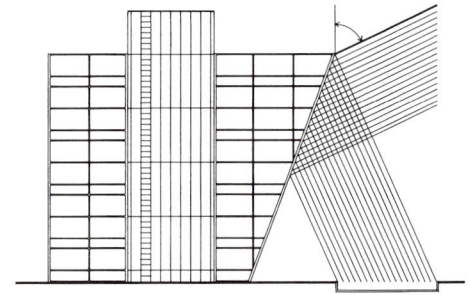

Il prospetto laterale. *Side view.*

Alfredo Arribas Arquitectos y Associados
Louie Vega

Giungere a una conclusione. Lavorare partendo da nuovi fattori determinanti, la maggior parte diversi dalle precedenti esperienze. Assumere tali fattori al fine di trasformare questo esercizio nel riassunto di un periodo, nella chiusura di un ciclo.
Il programma complesso comprende la maggior parte delle opzioni. Attività affrontate in altri progetti, in modo settoriale, sono state assemblate insieme in questa occasione. Le destinazioni ricercano costantemente nelle due direzioni un rapporto tra interno ed esterno.
La risposta del progetto è assemblare volumi, edifici con la loro propria forma per ogni requisito. La varietà del programma si traduce nella varietà dei padiglioni. Essi vengono mostrati, espressi, offerti alla comprensione. Fra loro diverse strade: dentro-fuori, fuori-dentro e mescolare. La grande galleria è la più lontana e per correggere questa anomalia viene messa in opera la vetrata di 150 mq. Dentro-fuori e vice-versa sono ancora possibili. Lo scenario particolare, una foresta di abeti che guarda sia verso il mare sia verso la ferrovia con una topografia molto intricata. Un esercizio di nuova costruzione infine?
La risposta è impiantare i volumi in modo naturale, liberamente, secondo le direttive delle curve di livello, dall'insieme della foresta. La piscina occuperà il luogo che sembrava esserle destinato, il profilo interno della galleria si fonderà letteralmente con quello del terreno su cui poggia. Soltanto le due terrazze del bar si elevano verso gli alberi. L'impianto risulterà quasi casuale, sarà impossibile per chi guarda ricostruirne le linee principali. I criteri di organizzazione, molto spesso frammentari, applicati a un interno, vengono adattati alla costruzione di un paesaggio. I territori del sentimento, degli incontri e dei gesti sono più importanti che non la lettura inesistente di una facciata.
Il tempo per l'esecuzione era scarso, tre mesi per progettare, tre mesi per costruire; una vera scommessa. La risposta era sistematizzare i volumi e le loro soluzioni strutturali, organizzare e precedere negli obiettivi la velocità dell'esecuzione, la preparazione in studio a cui viene negata la possibilità di esprimere per mezzo della forma il comportamento dei materiali. Non c'è tempo per i riferimenti, né per costruire una strategia di progetto. C'è grande autonomia. Lo sguardo si volge indietro a quelle origini da cui si parte ogni volta. Si scorge — o si può indovinare — il lavoro di diversi anni. Le cose sono cambiate. L'interno non sarà più un'operazione aggiunta. La concezione stessa dello scenario non ha bisogno di essere sottolineata o enfatizzata; tutto è più semplice, più chiaro. Il rapporto tra architettura e interno non è più conflittuale, non è ignorato, non è modificato. È un rapporto di continuità, di addizione in cui non è facile distinguere l'inizio e la fine di ognuno dei due elementi.
Questo è il progetto Louie Vega ora che è stato costruito. Il resto sono solo aneddoti.

To carry through to conclusion. To work beginning from new determining factors, most of them different from former experiences. Factors which will transform this exercise into the résumé of a period, the closing of a cycle.
The complex program comprises many options – problems dealt with before on other projects were assembled in sections on this occasion. The uses, constantly experimenting the relationship between interior and exterior. The solution of the project is to assemble the volumes of the buildings with their individual shapes, to meet every requirement. The variety of the program is turned into the variety of pavilions. They are shown, expressed, and given over to understanding. Added to this are several routes: inside-outside, outside-inside, and blending. The large passageway is far removed from the rest, thus the 150 square meter window is installed, recuperating the continuity of inside-outside and vice versa.
The setting is unique – a pinewood with a very tangled topography overlooking the sea and the railway at the same time. An exercise of new construction at last? The answer is to install the volumes so that they fit in naturally with the contour lines and the pinewood. The swimming pool occupies the site that it seems destined for, and the interior profile of the passageway blends with the land upon which it depends. Only the twin terraces of the bar rise amongst the trees. The composition of the plan seems almost casual, and it is impossible to retrace its outlines.
The organization of the interior is conceived according to the characteristics of the landscape. The peculiarities of the site, the experiences and gestures, are more rewarding at times than an inexistent frontal reading of some facades. The execution time extremely limited – three months to plan and three months to build: a real challenge.
The solution: to systemize the volumes and their structural solutions. To organize and control the brief building period and studio preparation, to draw out the mechanical properties of the materials through their form. There is little time for research or inventing strategies. Therefore there is more autonomy. Reflection goes back only as far as the beginning. The work of several years is observed or even guessed at. Things have changed. The interior will no longer be an additional operation. The concept of the setting does not need to be emphasized – it freely evolves.
The relationship between architecture and interior is no longer conflictual; it is not ignored, nor is it corrected; it is a relationship of continuity in which it is not easy to distinguish where one begins and the other leaves off.
The Louie Vega project has now been completed. The rest is anecdotal.

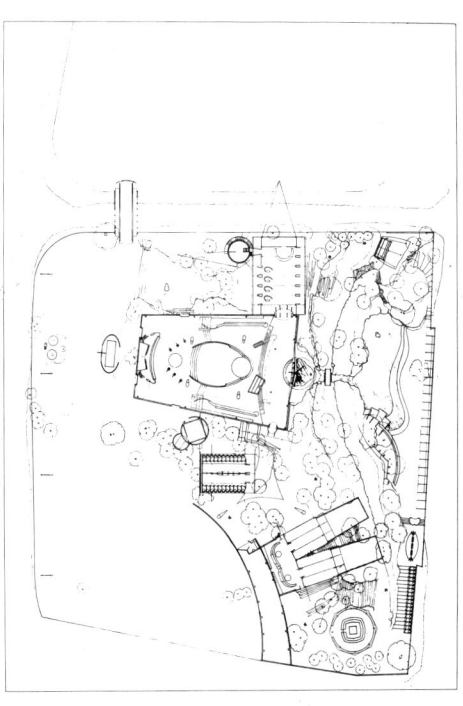

Particolare dei padiglioni e planimetria generale.

Detail of the pavilions and general plan.

Interno del bar e il ponte di accesso.

Interior of the bar and access bridge.

Vedute, pianta e sezione longitudinale della hall d'ingresso.

Views, plan and longitudinal section of the entrance hall.

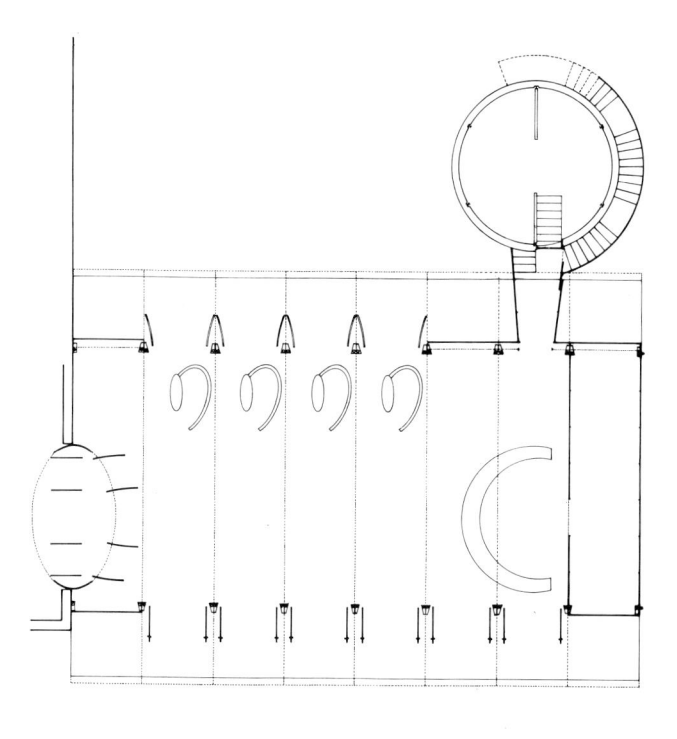

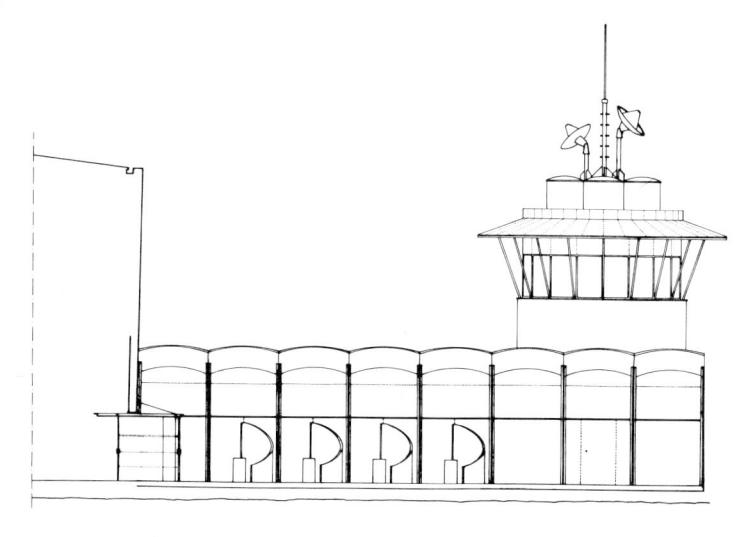

Veduta interna della discoteca, pianta e sezioni longitudinali e trasversali.

Interior of the discotheque, plan, longitudinal and cross sections.

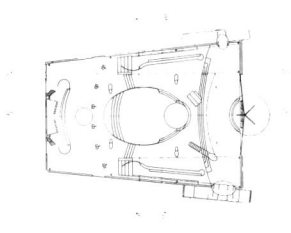

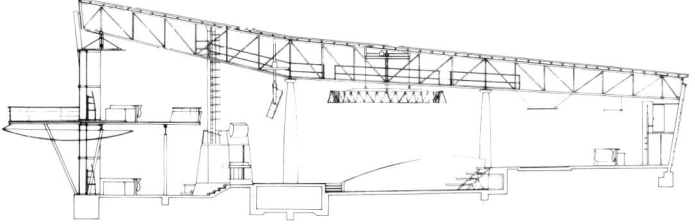

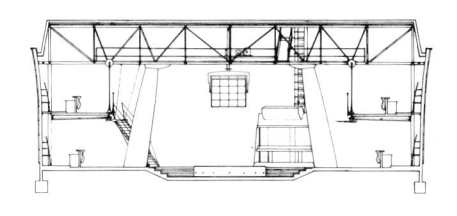

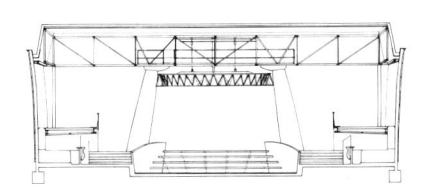

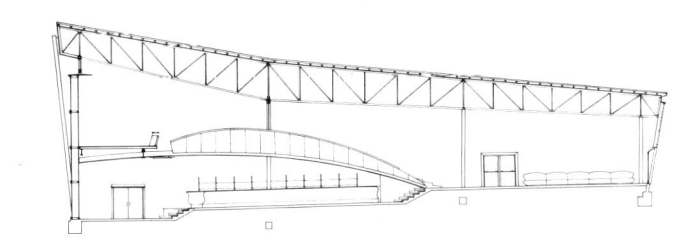

Dante Benini e Ingex
Eurocetus B. V.

L'Eurocetus, estensione europea della società americana Cetus, operante nel settore della biotecnologia, si è stabilita in Amsterdam, che ha scelto per sede del suo complesso di uffici, studi di ricerca, laboratori.
Sostanzialmente si tratta di una fabbrica composta di volumi diversa altezza ma in prevalenza di soli quattro piani compreso il terreno. Qualche limitato settore del corpo principale si innalza per un piano o due in più: ne viene in alzato quella articolazione di volumi che, in pianta, è di massima negata.
Dal corpo posteriore si protendono due maniche lunghe 28 m parallele ma diseguali perché quella di destra è a riseghe, così da consentire agli interni illuminazione naturale da due lati.
Una pianta, dunque, a U, che potrebbe perfino richiamarsi ad archetipi storici – la villa della Farnesina a Roma, il palazzo reale di Torino, la villa reale di Monza – sennonché l'intervallo fra le due maniche, secondo la tipologia tradizionale, è di tale ampiezza da generare un cortile aperto, o meglio, una piazza; qui invece si dovrebbe parlare di corridoio o galleria che, coperta da volta trasparente, replica quel motivo che è ormai diventato una sorta di luogo comune delle costruzioni più recenti.
In effetti la galleria coperta costituisce il motivo centrale e l'elemento più vistoso della composizione, proprio come nei molti edifici cui si accennava; l'osservazione si riferisce soltanto all'esito formale perché, nella sostanza strutturale e funzionale, la galleria di cui parliamo differisce nettamente da quelle di cui si usa e abusa, tanto da acquistare una propria ben definita originalità.
La copertura, data l'ampiezza della portata, avrebbe richiesto centine metalliche di eccessivo peso e spessore che, fra l'altro, avrebbero ridotto la superficie trasparente; si è allora deciso di far collaborare le lastre curve di policarbonato costituenti la volta come elemento strutturale primario.

La soluzione rimanda al principio della "resistenza per forma", insegnato e genialmente applicato in numerosi casi da Pier Luigi Nervi.
Verso l'esterno una grande vetrata chiude la galleria interna.
La galleria è attraversata a diversi livelli da passerelle di acciaio smaltato bianco che collegano gli uffici situati nella manica di destra con i laboratori della manica opposta.
I laboratori essendo impegnati in operazioni di alta complessità e grande delicatezza devono essere mantenuti a temperature determinate e costanti, di qui la necessità della chiusura della galleria per potervi mantenere un microclima rigorosamente controllato; la circostanza corrisponde alla singolarità funzionale di questa parte dell'edificio, singolarità funzionale che si aggiunge a quella strutturale cui si è accennato.
Data la ricchezza d'acqua del sottosuolo di Amsterdam le fondazioni sono state costruite su palificazione formata da elementi battuti a rifiuto.
Le strutture verticali e orizzontali sono in cemento armato, i solai a lastre tralicciate.
Per assicurare ai laboratori, come richiesto, l'illuminazione naturale debitamente schermata senza l'impiego di tende (pericolose per la sterilizzazione dei locali) le pareti d'ambito sono costituite, verso l'interno, da una cortina continua di vetrate in telai di alluminio separata mediante una intercapedine dalla parete esterna in mattoni traforata a intervalli da aperture in serie che, nell'insieme, formano un traforo a reticolo.
Le pareti laterizie sono, insolitamente per questo tipo di muratura, prefabbricate. La prefabbricazione si è resa possibile disponendo fuori cantiere pannelli composti da mattoni pieni posati su malta legante.
Ne è conseguita una sorta di prefabbricazione di secondo ordine nel senso che i pannelli prefabbricati sono a loro volta formati da elementi, i mattoni, che rappresentano il più antico esempio di prefabbricazione.

Agnoldomenico Pica

Eurocetus, the European branch of the American biotechnology company, Cetus, has chosen Amsterdam for the site of its headquarters: a complex containing offices and research facilities.
Basically the complex consists of a number of structures of varying heights but for the most part there are four stories including the ground floor; parts of the main block are one or two stories higher, but these are features which are far more conspicuous in elevation than in plan view.
From the rear block two wings 28 meters long extend backwards, parallel but not identical: the right-hand wing has a setback to allow natural light to reach the interior from both sides.
A U-shaped plan then, with echoes of historical archetypes: the Farnesina Palace in Rome, the Royal Palace in Turin, the Royal Villa in Monza, although in the classical model the space between the two parallel wings accommodates an open courtyard, or piazza; here the space forms a gallery or corridor covered by a transparent canopy – a motif which has become something of a cliché in recent building designs. The covered gallery is the central and most prominent feature of the design, as it is in the many buildings from which it is drawn. This observation refers to the formal aspects of the motif, however: from the structural and functional point of view, the gallery in the present design displays a marked originality which sets it off from its many uses and abuses in other recent constructions.
Given the size of the span – 17 meters – the use of metallic ribbing to support the canopy would have required an extremely heavy structure which would have reduced the size of the transparent area. It was therefore decided to use curved sheets of nine-millimeter polycarbonate. The structure derives its strength from the shaping of the vault elements after the system invented and ingeniously applied by Pier Luigi Nervi. The covered space is closed at the end by a large glass facade forming an internal gallery which is criss-crossed by white enamelled steel walkways at various heights, connecting the offices in one wing with the laboratories in the other.
The projects in the laboratories involve highly complex and delicate processes and it is essential that the temperature be maintained at the correct level – hence the use of the closed gallery to create a microclimate which can be rigorously controlled. The unusual structural aspects of the design mentioned earlier thus correspond to an equally unusual functional requirement.
Due to the high water content of the terrain in the Amsterdam area, the foundations were constructed on piling using eight-meter elements driven into the subsoil to their limit. Vertical and horizontal members are in reinforced concrete, with lattice flooring.
In order to admit screened natural light to the laboratories without the use of curtains (which would have created serious problems for the sterilization of the area), the external walls consist of continuous glass curtain wall in aluminum frames separated by a thirty-centimeter cavity from the external brick facade which is perforated at regular intervals.
The brick walls were prefabricated, an unusual approach for this kind of construction. The prefabrication was done off-site by assembling panels of bricks on a mortar bed. This process was a kind of second-order prefabrication since it used elements – the brick – which are themselves the oldest form of prefabricated component.

Agnoldomenico Pica

Scorcio d'angolo.   *Corner view.*

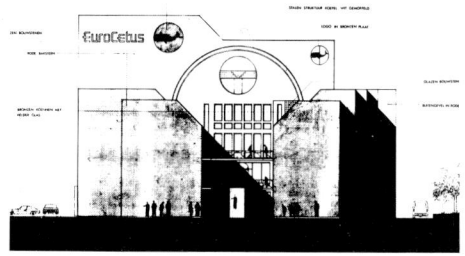

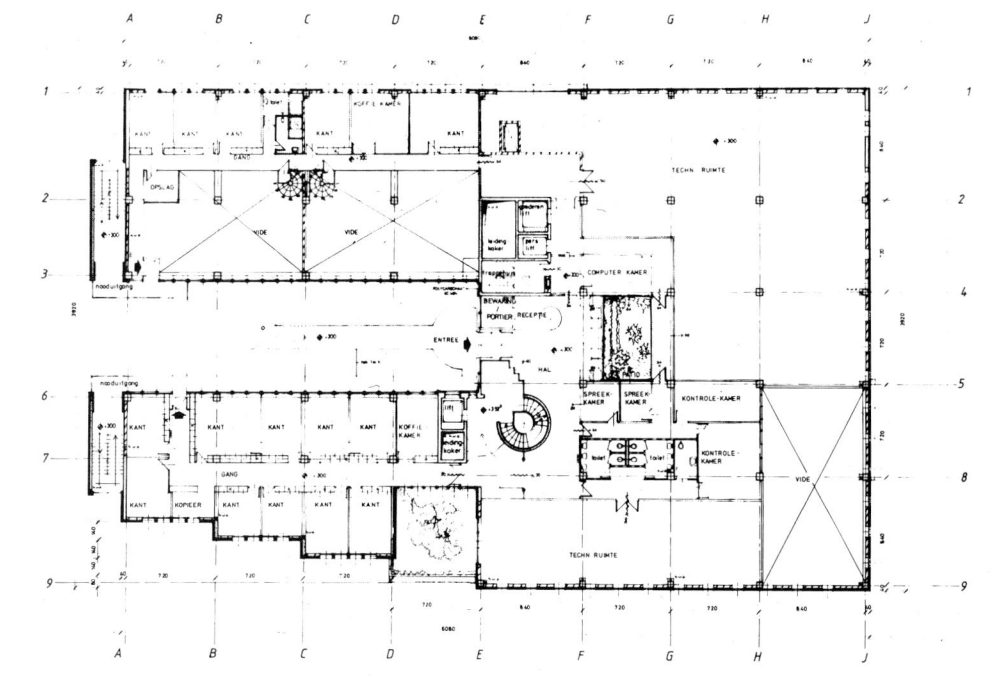

Veduta laterale, pianta e prospetto.   *Side view, plan and elevation.*

Scorcio di un fronte e dettagli del trattamento della parete in mattone.

Foreshortening of a front and details of the brick walls.

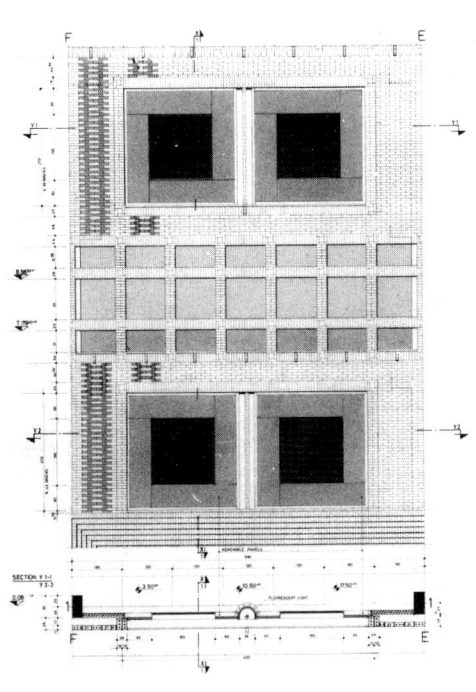

Vedute dell'interno della galleria dai due lati, prospetto e sezione longitudinale.

Views of the interior gallery from the two sides, elevation and longitudinal section.

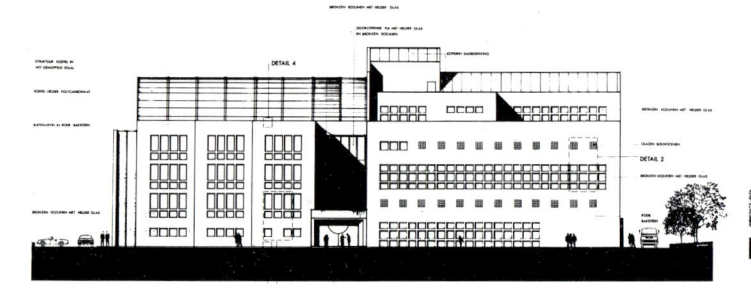

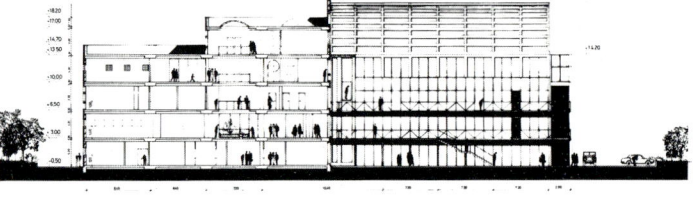

Scorcio del retro dell'edificio.

Foreshortening of the rear of the building.

Böbel & Frey
Werkforum Dotternhausen

Planimetria generale.

General plan.

Durante la trivellazione di argillite petrolifera per la produzione di cemento furono ripetutamente scoperti dei fossili. Per evitare che la collezione di fossili, che nel frattempo era considerevolmente cresciuta, finisse sepolta nei depositi di qualche museo, la Rohrbach Zement decise di ampliare un progetto preesistente per poter esporre i fossili in un suo proprio museo.
L'idea basilare del progetto di Böbel e Frey era quella di costruire il museo in una cava di argillite, in modo che la cava stessa diventasse un'esperienza: diveniva così meglio comprensibile per il visitatore la formazione del fossiles nel suo proprio ambiente naturale. Oltre a ciò, si è creata un'entrata assai suggestiva con pochi elementi.
L'edificio si costruisce su tre livelli: il primo, sotterraneo, con una sala museale, una sala d'attesa esterna e una sala conferenze; il secondo livello, con la nuova entrata all'impianto, atrio e sala d'attesa con aule d'addestramento e centro elaborazione dati elettronici; il terzo con uffici a ponte.
I muri longitudinali sono di calcestruzzo a vista come il tetto.
Lo sforzo di trazione è sostenuto da un'armatura consistente in profili quadrati di acciaio, che trasferisce i carichi lungo i muri della cava alle piattaforme. Anche il ponte consiste di una costruzione composita in cemento armato nella quale sono collocati dei "containers" come unità uffici. Alcune parti dei tetti piani sono trattate a giardino, per compensare le aree verdi utilizzate.

During the drilling of oil shale for cement production, fossils were discovered. To avoid that the collection fossils would disappear into museum deposits, Rohrbach Zement expanded the building project to include a museum for the fossils. The main idea of Böbel and Frey's project was to build the museum in a shale quarry so that the quarry itself would become an experience. Thus the formation of the fossil within its natural surroundings could be appreciated by the visitor. Furthermore an interesting entrance would be created by using only a few elements.
The building is designed on three levels: the first, underground, has a museum hall and waiting room, and a conference room; the second has a new plant entrance, foyer and waiting room with training rooms and an electronic data processing center; the third level, has a bridge with offices.
The longitudinal walls are made of insulated exposed concrete. The roof is a reinforced concrete composite. The tensile straess is supported by a framework comprised of square steel profiles, distributing the loads along the quarry walls to the platforms.
The bridge is also comprised of reinforced concrete composite elements, in which containers serve as the office units. The flat roofs have grassy sections to compensate for the eliminated green areas.

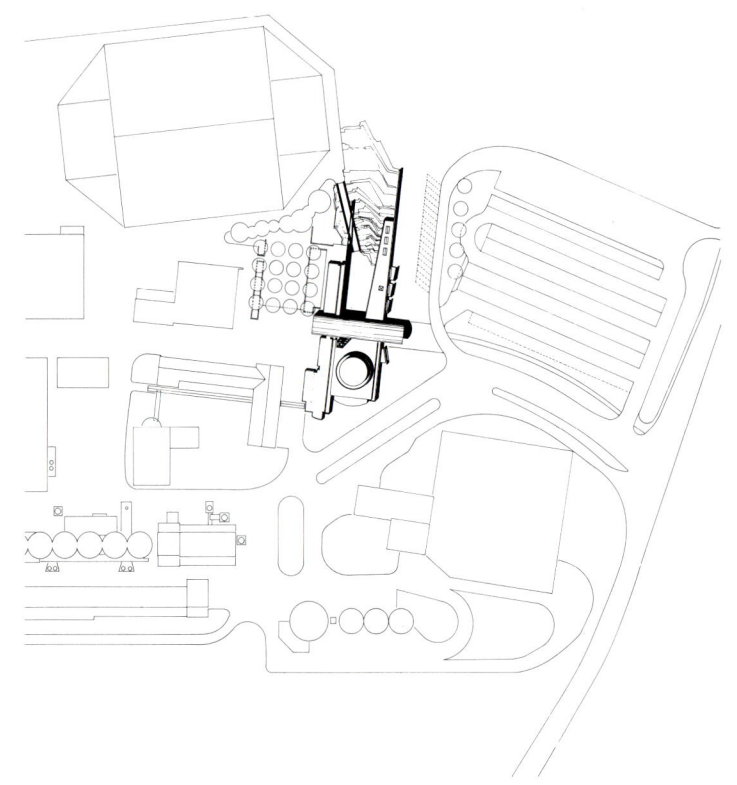

Prospetto, pianta e sezione longitudinale.

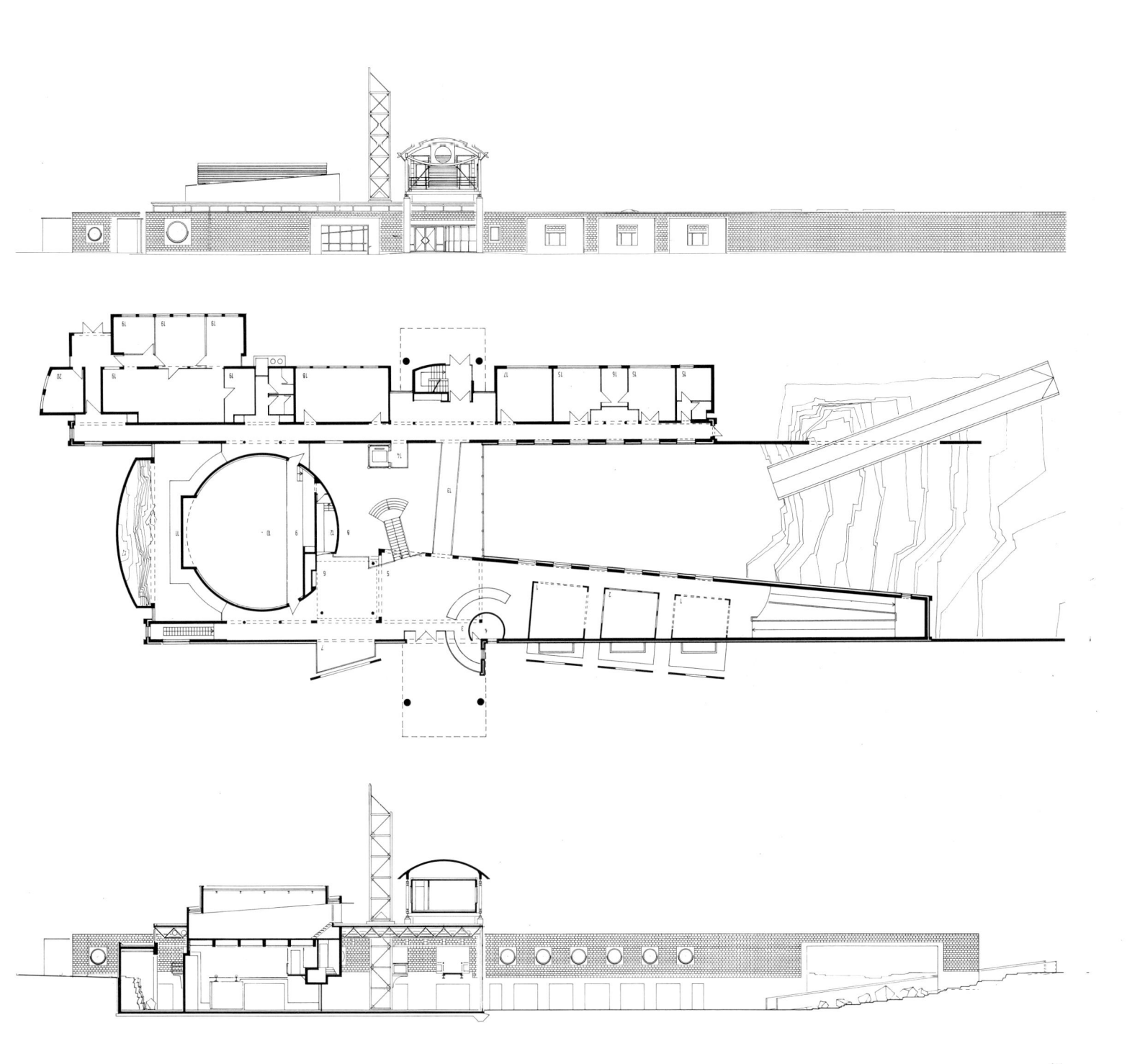

Elevation, plan and longitudinal section.

65

Vedute dell'edificio a ponte e della corte aperta sulla cava d'argilla.

Views of the bridge building and the open courtyard overlooking the quarry.

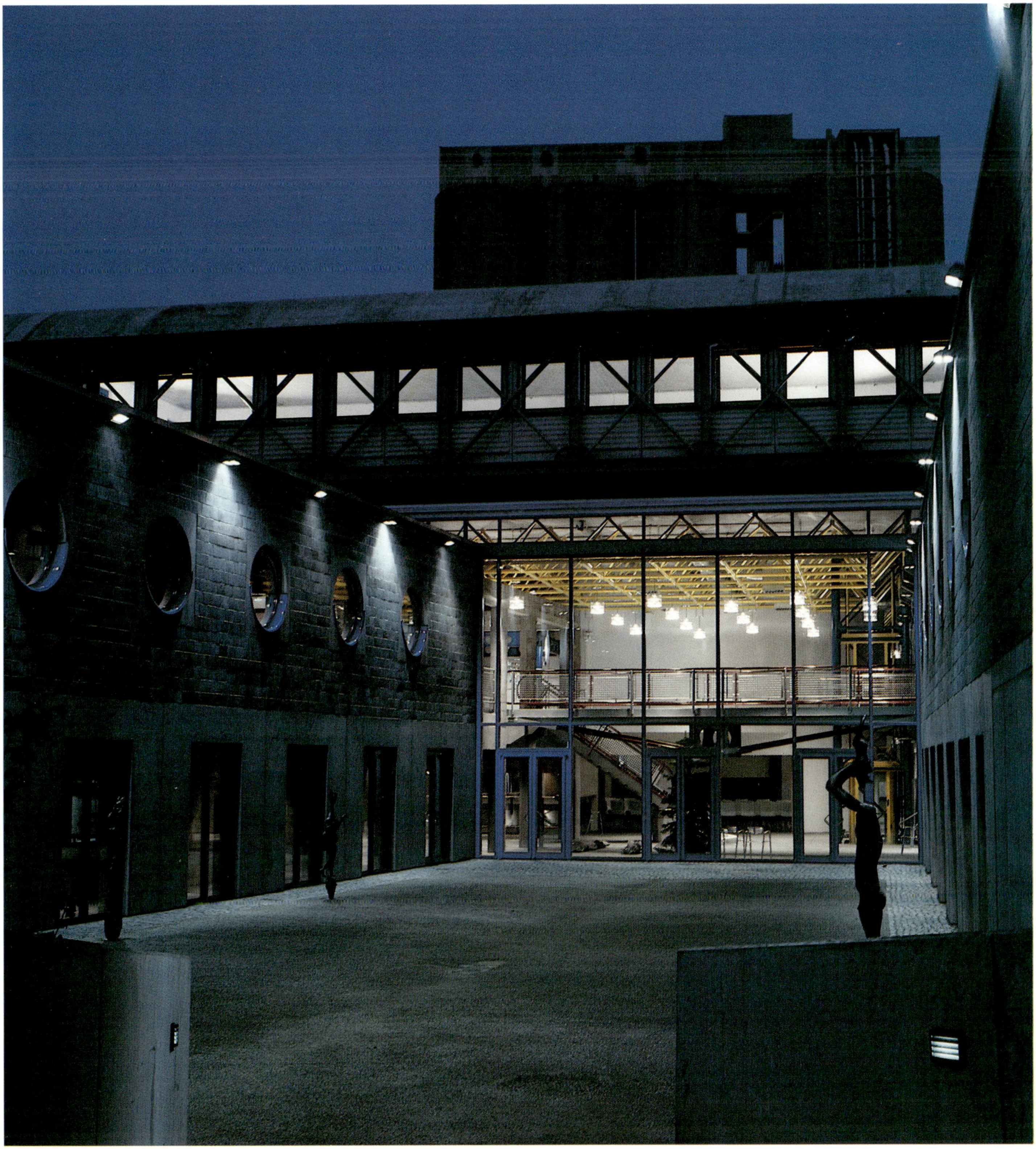

Scorci dell'interno, sezione trasversale e veduta del retro.

Views of the interior, cross section and view of the rear.

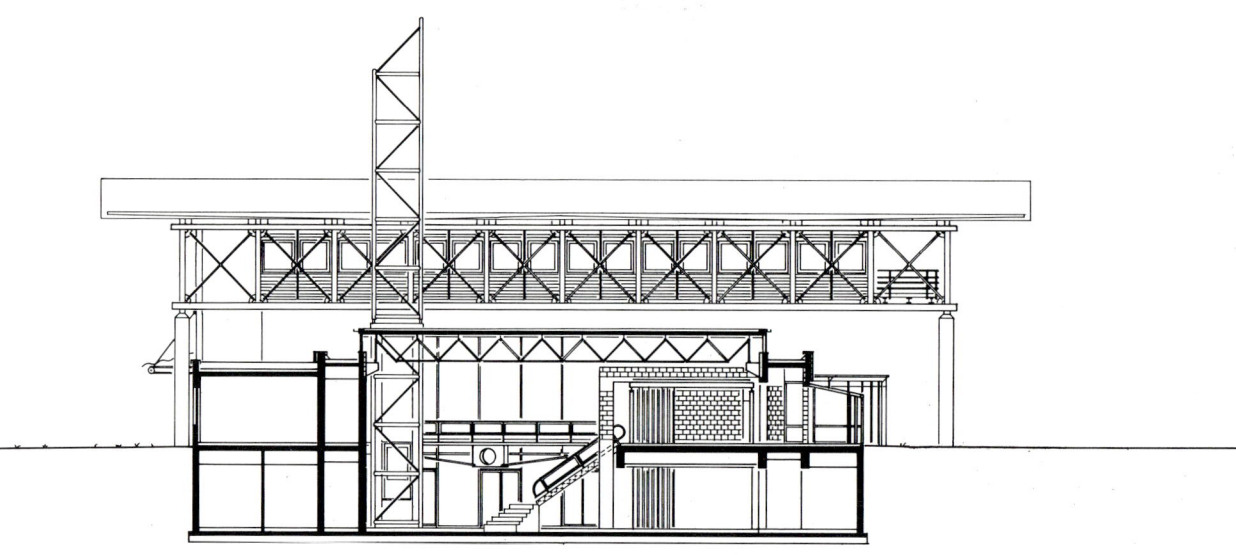

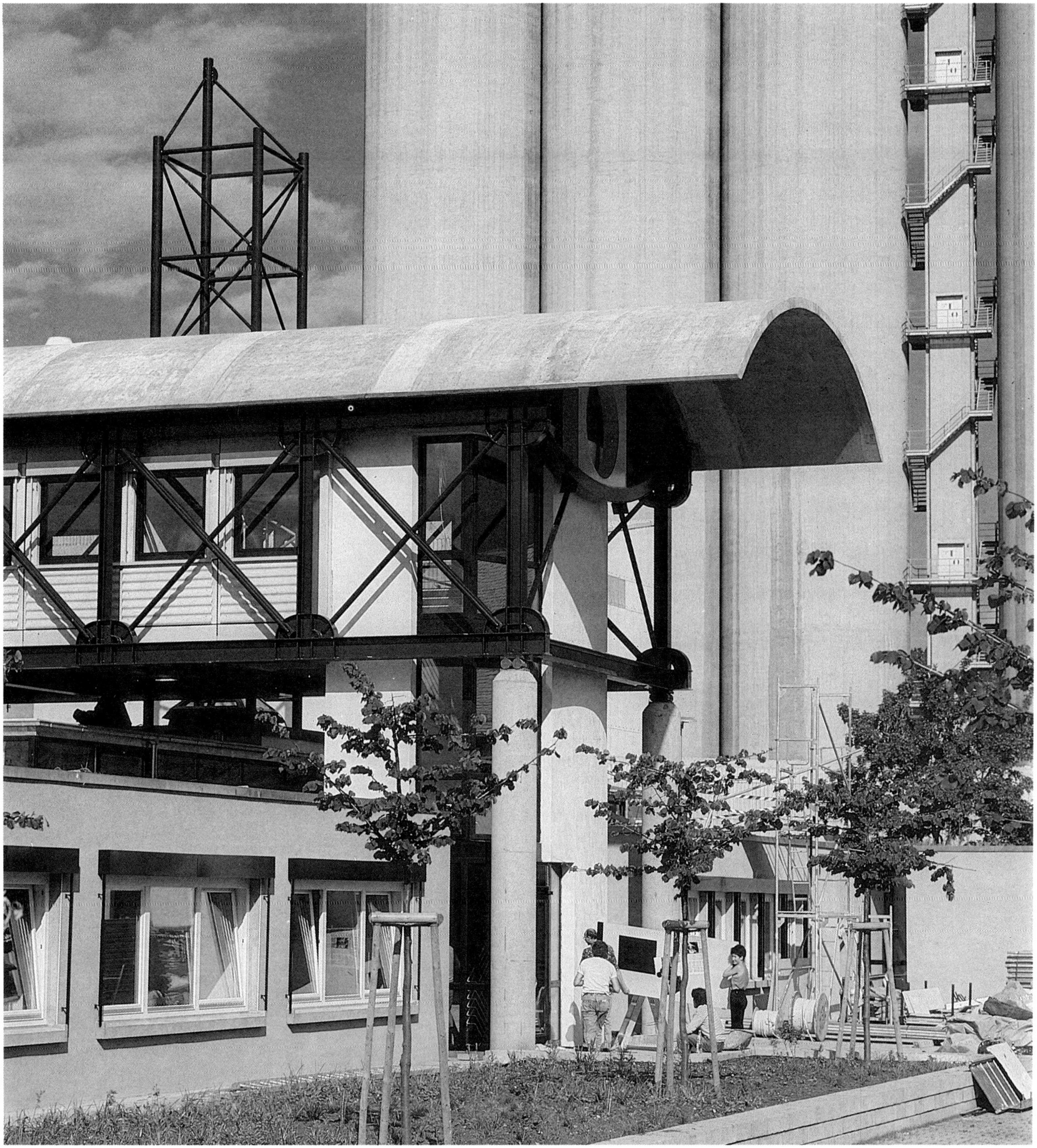

Theodore Brown & Partners
R. Dakin and Company

Piante   *Plans*

Il progetto è stato ispirato dal desiderio di valorizzare al massimo le veduto panoramiche settentrionali della baia di San Francisco. L'edificio sorge a soli 30 metri dalla riva del mare, su una striscia di terreno tenuta a parco.
All'entrata dell'edificio si accede per due rampe in calcestruzzo incernierate all'edificio con un sistema speciale. Questo espediente è stato adottato in vista di una eventuale subsidenza del suolo. Ogni rampa porta a un vestibolo circolare a doppie porte, che sfocia in una rotonda a due piani la quale a sua volta dà accesso alla reception, alla sala di attesa e agli ascensori.
Il lato nord dell'edificio, di forma triangolare, presenta un bovindo a tre piani in vetro e acciaio, che accoglierà la mostra dei giocattoli di panno. Le facciate sud-est e sud-ovest presentano schermi solari integrali continui che schermano o diffondono la luce solare diretta creando spazi interni con luce diffusa, mentre conferiscono alla facciata il suo carattere duale. L'edificio digrada agli angoli creando terrazze che si aprono accanto alle sale di riunione e agli uffici. L'esterno dell'edificio è rivestito di sottili pannelli d'acciaio. Questo materiale leggerissimo ci ha consentito di ridurre il peso dell'acciaio strutturale e di conseguenza il numero di piloni in calcestruzzo.
I pannelli vengono modellati, ripiegati e tagliati in fabbrica consentendo poi l'installazione in situ. Possono assumere ogni forma o dimensione richiesta. Noi abbiamo usato forme rettangolari, triangolari e ricurve a seconda delle esigenze. Un altro carattere che non abbiamo trascurato è la loro superficie naturalmente ondulata. Avremmo potuto rendere i pannelli assolutamente piatti impiegando sistemi di rinforzo sul retro, ma abbiamo trovato piacevole il carattere che la leggera ondulazione conferiva all'edificio.
Tutti gli spazi risultano ben illuminati a luce diurna mentre la schermatura consente un buon risparmio del consumo di energia. Il cliente calcola di aver risparmiato il 30% l'anno dei costi di riscaldamento.

The design was dictated by the desire to maximize the northern views of San Francisco Bay. The building is located only 100 feet from the water's edge in a park setting.
The entry of the building is approached via two concrete ramps specially hinged to the building because of planned soil subsidence. Each ramp leads to a circular automatic curved double door vestibule that enters into a two-story rotunda leading to the reception, waiting room and elevators.
The triangular shaped building's north side has a three-story steel and glass "bay window" that will house the display collection of Dakin's plush toys.
The southeast and southwest facades contain continuous integral sun screens which shade and diffuse direct sun infiltration creating its distinctive facade character.
The building steps down at the corners creating terraces that are located next to conference rooms and offices.
The exterior of the building is sheathed in steel wall panels. This material which is very light in weight allowed us the ability to reduce the structural steel weight and subsequently the number of concrete piles.
The steel panels are easily crimped, folded, and trimmed at the factory for on-site installation. They can be made to assume any required shape or size. A characteristic of the panels we did not overlook was the natural billowing of the panels. We could have made all the panels absolutely flat by employing stiffness on the backs but we welcomed the natural character that the softly billowing panels gave to the building.
The windows have integral shading devices which shade and diffuse direct sun infiltration.

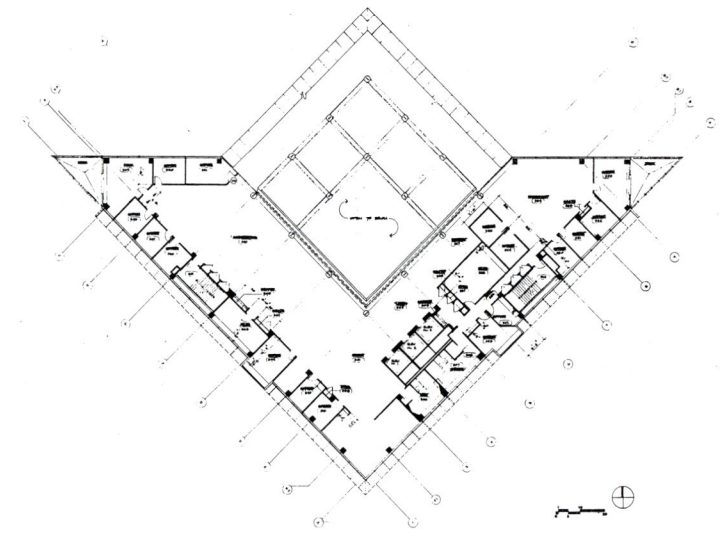

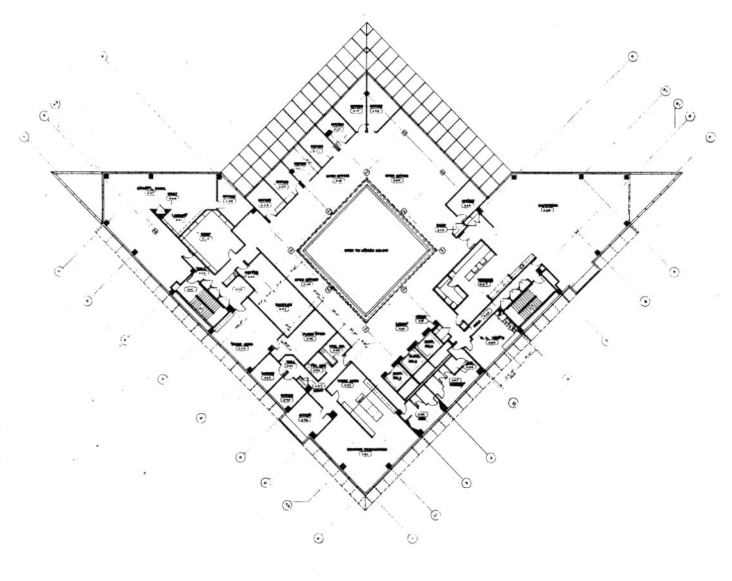

Veduta generale dell'edificio. *Overall view of the building.*

Sezione prospettica e pianta del piano terreno.

Perspective section and plan of the ground floor.

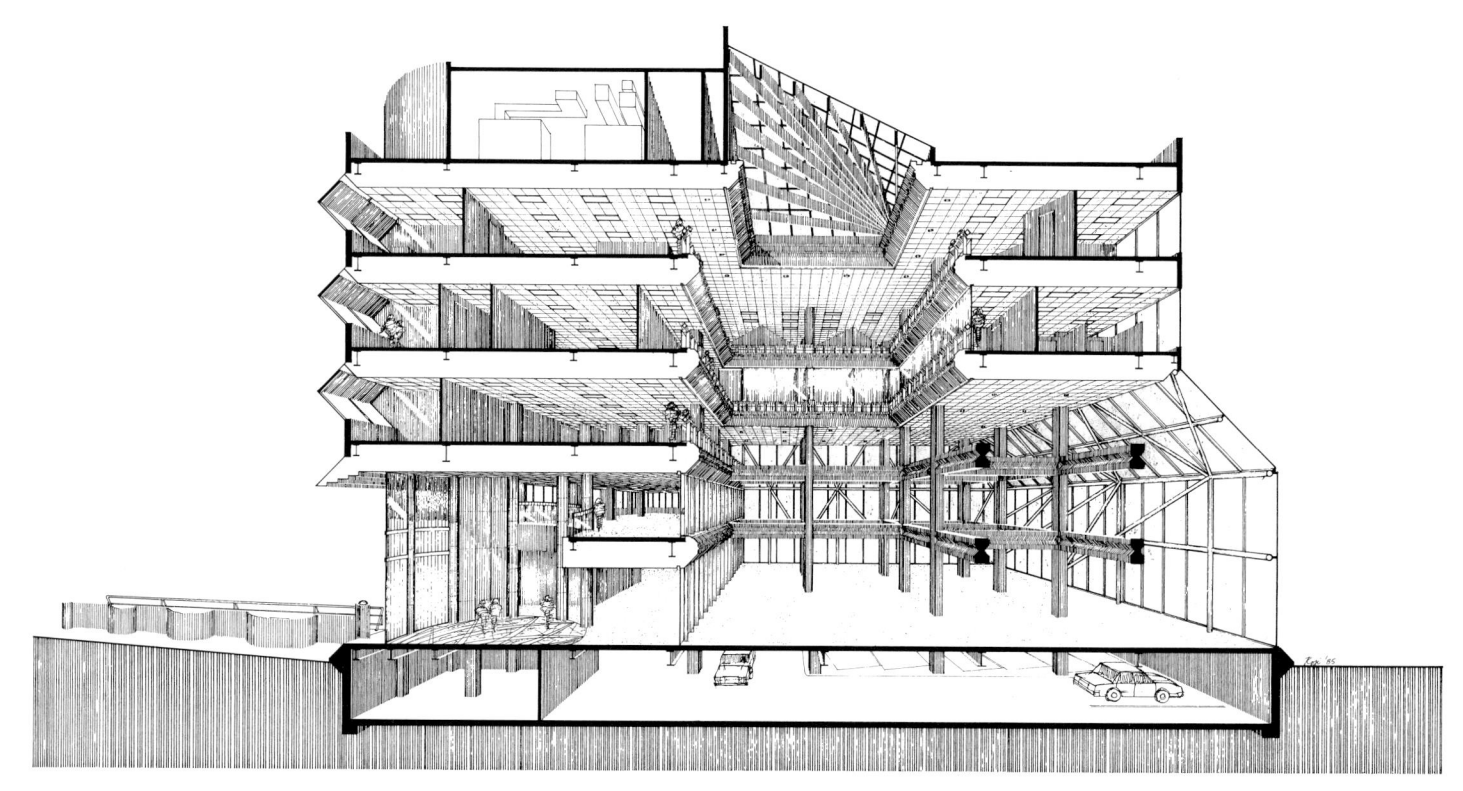

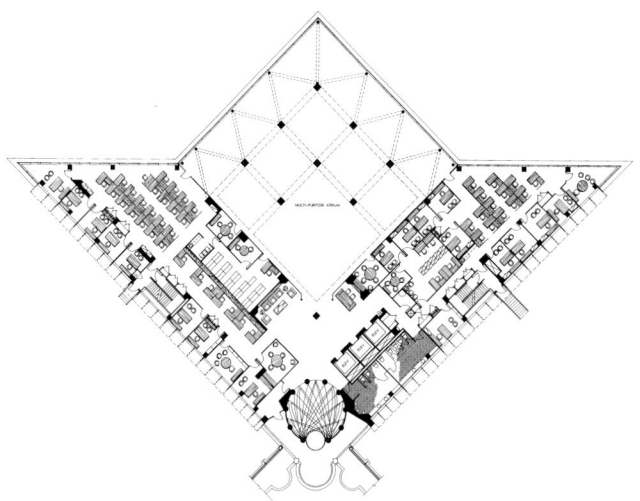

Veduta d'angolo e pianta al quinto livello.

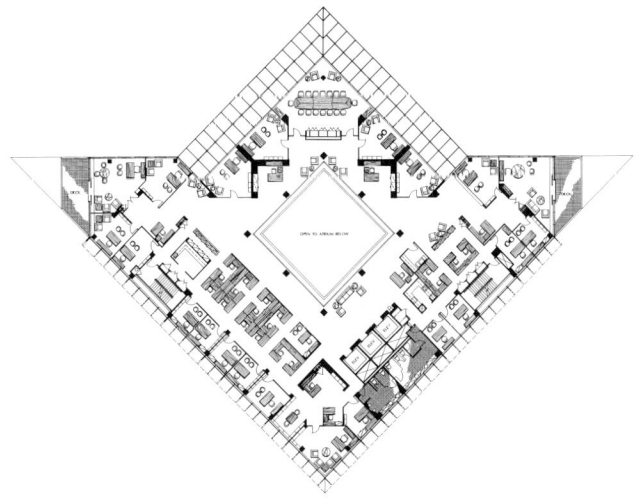

Corner view and plan of the fifth level.

*Vedute del lucernario dell'atrio e
dell'ingresso principale.*

Views of the skylight from the vestibule and the main entrance.

BV Architectenburo Cees Dam
House of the Future

Progettando la Casa del futuro all'Autotron, Rosmalen, la nostra intenzione non era tanto di creare un edificio straordinariamente futurista in qualche impalpabile remoto futuro quanto di mostrare come si potrebbe presentare la casa di domani impiegando i mezzi di oggi.

Situato sull'isola nella laguna del grande lago ad Autotron, il complesso consiste dei seguenti elementi: un edificio che comprende l'entrata al complesso, un cinematografo e un negozio; la casa vera e propria che ne è separata da un laghetto piastrellato ed è collegata ad esso da un ponticello di vetro; un giardino chiuso da un muro semicircolare e un lago con un padiglione da tè sulla riva.

Al piano superiore della casa vi è la zona di ricezione per i visitatori. Benché sulla progettazione influisca fortemente la necessità di accogliere convenientemente gli ospiti, il che implicava ambienti di dimensioni maggiori che avrebbero conferito all'edificio piuttosto il carattere di un padiglione d'esposizione, l'intento principale fu quello di fare della Casa del futuro una vera casa, che comprendesse innovazioni tecniche e architettoniche.

Lo schema progettuale è caratterizzato da uno sviluppo spaziale continuo, entro il quale i singoli spazi-funzione, con proprie installazioni, restano chiaramente riconoscibili.

La facciata in vetro crea un rapporto ottimale fra gli interni e l'esterno: rapporto ulteriormente potenziato dalle porte girevoli estremamente alte che collegano la zona alloggio al giardino.

Il progetto integra pienamente le nuove tecniche edilizie e l'uso dell'elettronica. Degli impianti standard della casa fa parte la rete di cavi e raccordi per dati e collegamenti elettronici sistemata sotto il pavimento, che abilita al funzionamento di tutte le innovazioni tecniche, quali cucina, bagno, lavatrice integrati, cella solare e caminetto, fino a un ascensore per gli handicappati.

All'interno la scelta dei materiali e dei colori sottolinea i contrasti fra i diversi elementi. L'incidenza della luce attraverso aperture ora più grandi ora più piccole rafforza l'effetto spaziale dell'interno; la luce diurna è filtrata da uno schermo di marmo.

La Casa del futuro è costituita da elementi progettati singolarmente, uniti in un unicum ora armonico ora contrastante dove le combinazioni sono intese come un esempio, non una fotocopia delle case di domani, ma un'idea di come potrebbero essere.

Per quanto riguarda le soluzioni termiche la casa è stata equipaggiata di celle solari, che forniscono corrente elettrica d'emergenza. Lo stesso tipo di celle solari azionano una fontana durante le giornate di sole, una caldaia solare che fornisce acqua calda alle stanze da bagno con un sistema che mantiene l'acqua alla giusta temperatura mentre scorre e celle d'energia elettrica, che consentiranno in futuro di produrre la propria elettricità in casa.

La costruzione della Casa del futuro richiedeva materiali nuovi, ma furono usati anche elementi tradizionali, benché impiegati in modo innovativo. I due muri esterni del teatro sono in mattoni. Il muro minore è fatto di elementi prefabbricati, mentre quello bianco è stato costruito in situ mediante iniezione di malta. Tanto per le pareti quanto per gli elementi in calcestruzzo è stato usato arapre, invece dell'acciaio, per rafforzare il materiale. Nelle fondazioni è stato impiegato calcestruzzo di riciclo. Blocchi di calcestruzzo Durox sono assemblati in una parete del teatro, che presenta a rilievo i nomi delle imprese. Il muro del giardino è di calcestruzzo riciclato: materiale di scarto tenuto insieme con malta. Le piastrelle in ceramica del soggiorno con faccia anteriore perfettamente impermeabile hanno una durezza che rivaleggia con quella del diamante e sono state prodotte con un processo assai sofisticato. Altri materiali speciali compositi si trovano nel tetto e nello schermo solare.

Anche le pareti interne sono costruite con materiale riciclato: il gesso è stato estratto dalla desolforazione di gas di scarico, e amalgamato con carta. L'intento del progetto è di trovare soluzioni ai problemi ambientali di oggi, invece di demandarli alle future generazioni.

When designing the House of the Future in the Autotron, Rosmalen, the intention was not so much to create an extraordinary futuristic house in some impalpable distant future, as to show how the house of tomorrow could look using the means of today.

Situated on the island in the lagoon of the great lake at Autotron, it consists of the following: a building in front containing the entrance to the complex, a cinema and a shop; the house proper separated from it by a tiled pool and connected to it by a bridge entirely made of glass; a garden with a semicircular enclosing wall for greater intimacy and a lake with a tea pavilion on it. On the top floor of the house is a reception area for visitors. Although the design was strongly influenced by the need to accommodate the stream of visitors, which involved a certain object was to make the House of the Future a "real house," incorporating technical, spatial and architectural innovations.

The scheme of the design is characterized by a continual spatial development supported within which the various individual spaces/functions, with their own designs, remain recognizable.

The glass facade creates an optimal relationship between the interior spaces and the garden. This is further emphasized by the extremely high revolving doors which connect both the living and working areas with the garden.

New building techniques and electronics are fully integrated into the design. For the many electronic devices which form part of the house's standard fittings a network of cables and junctions for data and electronics is sunk in the floor. In this way all specific innovations of this and other equipment ranging from integrated kitchen, bath, washing-machine, solar cell and fireplace to a lift for the handicapped have their place in the house's architecture.

Inside, the choice of material and color emphasizes the contrasts between the different elements. The incidence of light through bigger and smaller openings, reinforces the spatial effect of the interior; the daylight is filtered by a marble screen.

The House of the Future is constructed of individually designed elements which have been united in a harmonious or contrasting whole. The combination of possibilities incorporated in its architecture is intended to be an example, not a blueprint, for the housing of tomorrow, giving an idea of how it can be done.

Veduta del fronte interno sul laghetto con il piccolo padiglione.

View of the interior front facing the pool with the small pavilion.

Piante ai diversi livelli e particolari del padiglione sull'acqua e del fronte d'ingresso con il laghetto piastrellato.

Plans at several levels and details of the pavilion on the water and the entrance with the tiled pool.

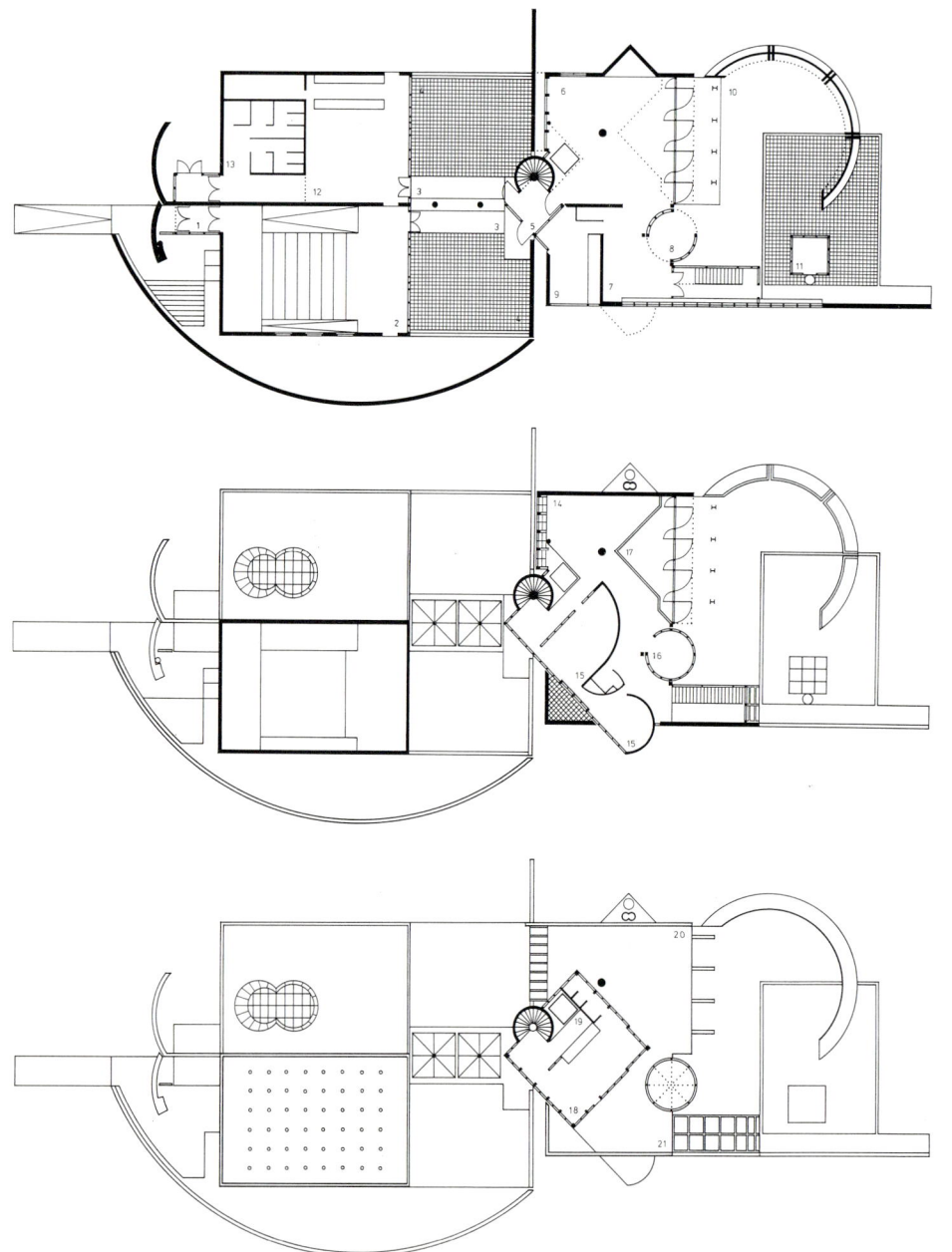

Dettagli del lucernario, di un fronte laterale e dell'ingresso al garage.

Details of the skylight, one of the sides and entrance to the garage.

Vedute degli interni e sezione longitudinale.

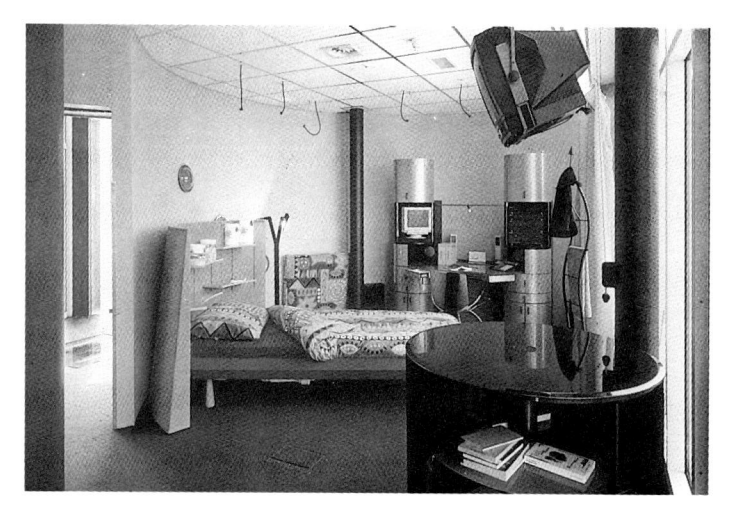

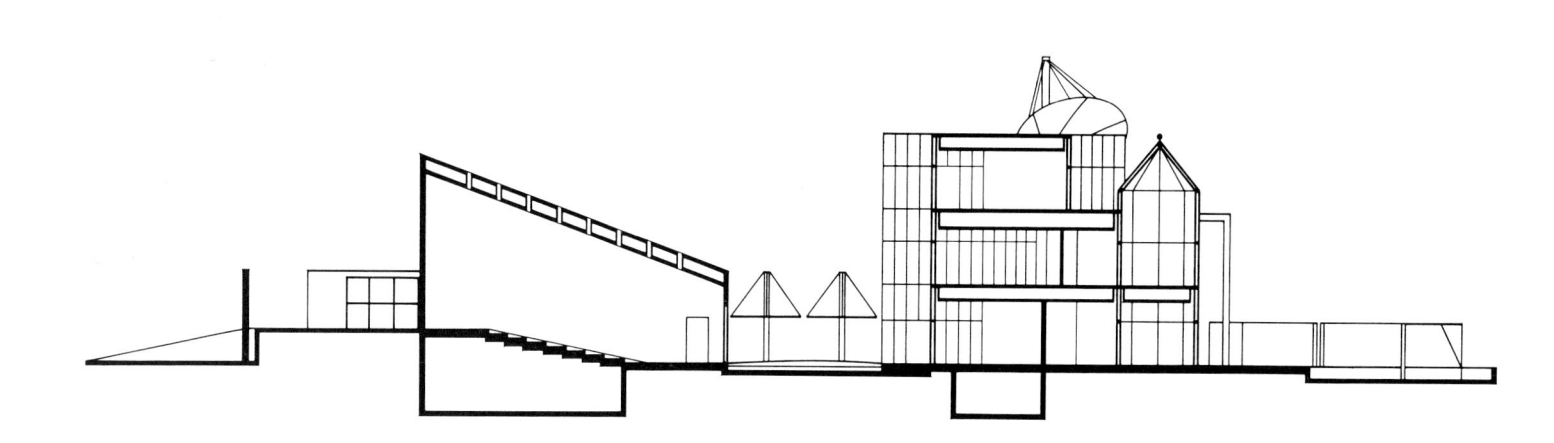

Views of interiors and longitudinal section.

Veduta della casa con gli edifici all'ingresso.

View of the house with the entrance buildings.

Romualdo Cambruzzi
Centro ricerche Glaxo

Nel 1985 la società Glaxo spa decise la realizzazione del Centro ricerche.
La finalità del progetto è la creazione di un Centro ricerche per lo svolgimento delle fasi fondamentali di ricerca di nuovi farmaci compresa la scoperta di nuove sostanze farmacologicamente attive, caratterizzazione, studio e sviluppo preclinico e clinico delle stesse.
Il complesso edilizio include anche altre attività collaterali e di supporto alla ricerca: un auditorium capace di ospitare 600 persone ed una biblioteca scientifica collegata alle banche dati di tutto il mondo.
Il Centro ricerche è articolato in più corpi edilizi coordinati e caratterizzati da precise destinazioni funzionali.
L'intero complesso è stato realizzato con struttura portante in cemento armato, gettato in opera, poggiante su una platea generale, a quota inferiore rispetto alla falda d'acqua. I solai sono tutti prefabbricati messi in opera contemporaneamente ai getti strutturali orizzontali. La portata dei solai è variabile secondo la funzione ed ubicazione. La maglia strutturale è diversa nei vari corpi dell'edificio per assecondare le diverse esigenze statiche e funzionali.
La struttura è diversificata per l'auditorio il quale ha la copertura in copponi di cemento armato precompresso e tamponamenti tradizionali.
La hall, la sala ristoro, il foyer dell'auditorio e la portineria hanno la struttura portante in acciaio, con i solai di copertura in lamiera grecata integrata con getto di calcestruzzo.
Da queste differisce la copertura della hall, realizzata con una struttura reticolare spaziale a sostegno di pannelli in vetro camera con lastra superiore in temperato riflettente e quella inferiore in multistrato antisfondamento.
La modularità progettuale ha permesso di utilizzare elementi costruttivi industrializzati, quali i solai, i pannelli di tamponamento in graniglia di marmo bianco, i serramenti ecc.
Attraverso una corretta impostazione progettuale e scelte di materiali si è cercato di favorire l'abbattimento dei costi gestionali del Centro ricerche.
Infatti l'edificio è caratterizzato dalla presenza di volumi tecnologici sovrapposti o sottostanti ad ogni spazio lavorativo (ad eccezione del palazzo uffici), questo per consentire interventi di manutenzione o trasformazione degli impianti senza incidere o intralciare le attività lavorative del centro.
I percorsi sono stati impostati distinti secondo le funzioni, le uscite di sicurezza dei laboratori danno sul laboratorio antistante, ricavato sullo sbalzo dei volumi tecnici. Le discese (scale) sono ben distribuite lungo le vie di fuga e nei punti di collegamento verticale. L'accesso dei ricercatori è ben distinto dall'accesso dei tecnici addetti alla gestione e manutenzione degli impianti: i primi accedono dalla hall, i secondi dal vallo. Dalla hall, che funge da grande piazza coperta, si diramano dopo il controllo della reception, gli accessi per: il centro congressi; gli uffici; la biblioteca scientifica, ai diversi reparti dei laboratori.
Un'attenzione particolare ha avuto il controllo del risparmio energetico nella scelta sia di vetrate isolanti a bassa emissività che di strutture di alluminio di supporto previste con taglio termico.
Nell'affrontare la progettazione architettonica del complesso edilizio si sono dovute conciliare le esigenze architettoniche e funzionali con l'opportunità di dare una precisa immagine e una caratterizzazione all'organismo edilizio.
Alcuni elementi architettonici fungono da raccordo fra i vari corpi, quali il vallo che cinge su tre lati l'intero complesso e il percorso pedonale esterno in struttura metallica con copertura acrilica.
Per caratterizzare l'edificio e per renderne leggibile la sua destinazione d'uso si è mantenuta per alcuni elementi una tipica struttura tecnologica, come ad esempio le canne di espulsione dell'aria e dei fumi, le torri di raffreddamento sulla copertura, le prese dell'aria e così via.

In 1985 Glaxo Spa decided to build the research center.
The purpose of the project is the creation of a research center to perform primary phases of the research of new medicines, including the discovery of new pharmacologically active substances, their clinical and preclinical study and the development of the same.
The complex also includes other general activities and activities supporting the research field, such as: an auditorium seating 600 people, and a scientific library, which is connected to all data systems all over the world.
The research center includes different building areas all connected to one another, and characterized by precise functional purposes.
The whole complex has been built with a reinforced concrete structure, placed on a general plate, at a lower elevation compared with the water base line. The slabs are completely made of precasted reinforced concrete. The load capacity of the slabs varies according to the function and the location. The structural frame is different in the various parts of the building to favor the different static and functional needs.
The structure is different for the auditorium, which has a prestressed reinforced concrete roof and traditional masonries.
The hall, the restaurant, the auditorium foyers and the guard house have a steel structure, with roof slabs made of corrugated steel sheets and reinforced concrete. The roof of the hall is made of a space structure, supporting glass window panels, with the upper glass sheet made of tempered reflecting glass, and the lower one made of a multilayer safety glass.
The design module has allowed the use of industrialized building elements, such as slabs, white marble prefabricated external panels, window and door frames, etc.
Through a correct planning and material choice, we have tried to lower the administration costs of the center.
In fact, the building is characterized by the presence of technical volumes laid upon one another, or below each working space (except for the office building), in order to allow maintenance or transformation of the installations, without affecting or interfering with the center's working activities.
The routes are different according to the functions, the laboratory emergency exits face the front balcony obtained on the space blelow the projected technical volumes. The staircases are distributed along the safety exits and in the vertical areas connection. The entrance of the researchers is separated from the access of the maintenance technicians: the first ones enter from the hall, the second ones from the lower walkway.
From the hall, a large covered square, spread out the reception control and the access for the congress center, the offices, the scientific library, to the different laboratory departments.
Particular attention has been dedicated to the control of the energy, chosing insulating and sun reflecting window glasses, and aluminum window frames, provided of a thermic barrier.
Facing the architectural design of the complex, the architectural and functional needs have been reconciled with the opportunity of giving a precise image and characterization to the building.
Some architectural elements are a connection among the different buildings, like the "vallum", which surrounds the complex on three sides, and the external pedestrian route, made of a metal structure with an acrylic roof.
To characterize the building and to make comprehensible his use destination, a typical technological structure has been preserved for some functional elements, such as the air and smoke stacks, the cooling towers on the roof, the air inlet grills, etc.

Veduta del modello. *View of the model.*

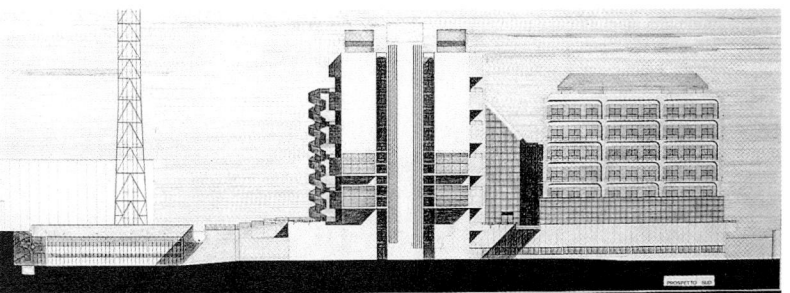

Veduta e prospetto del lato sud. *View and elevation of the southern side.*

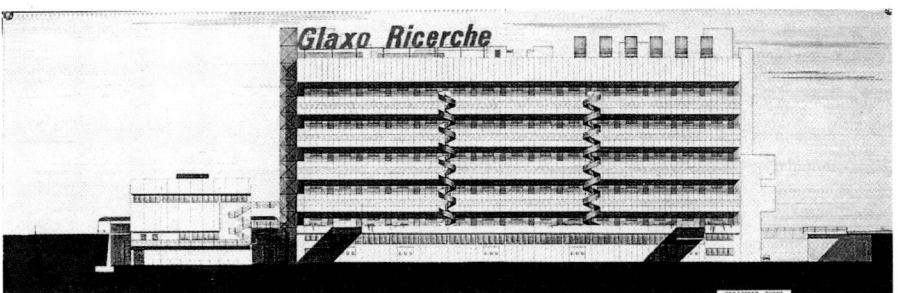

Scorcio e prospetto del lato ovest.   *Foreshortening and elevation of the western side.*

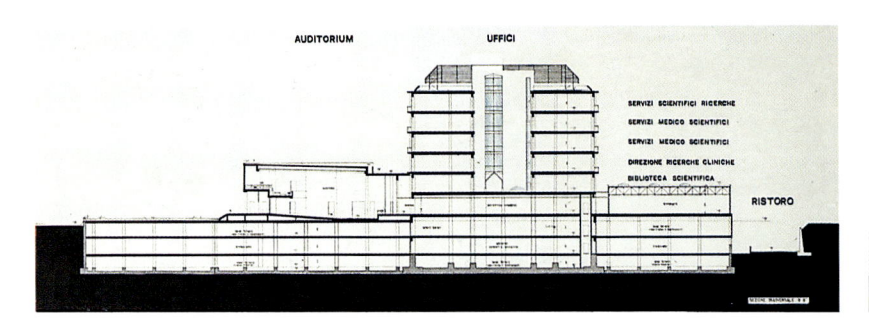

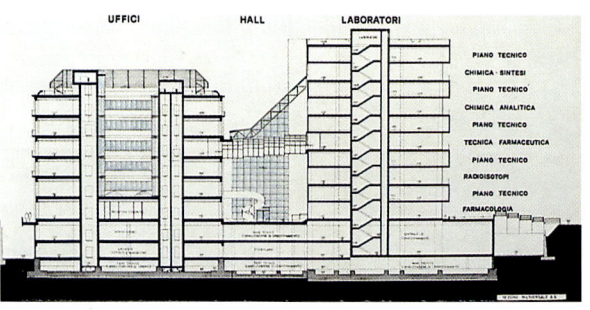

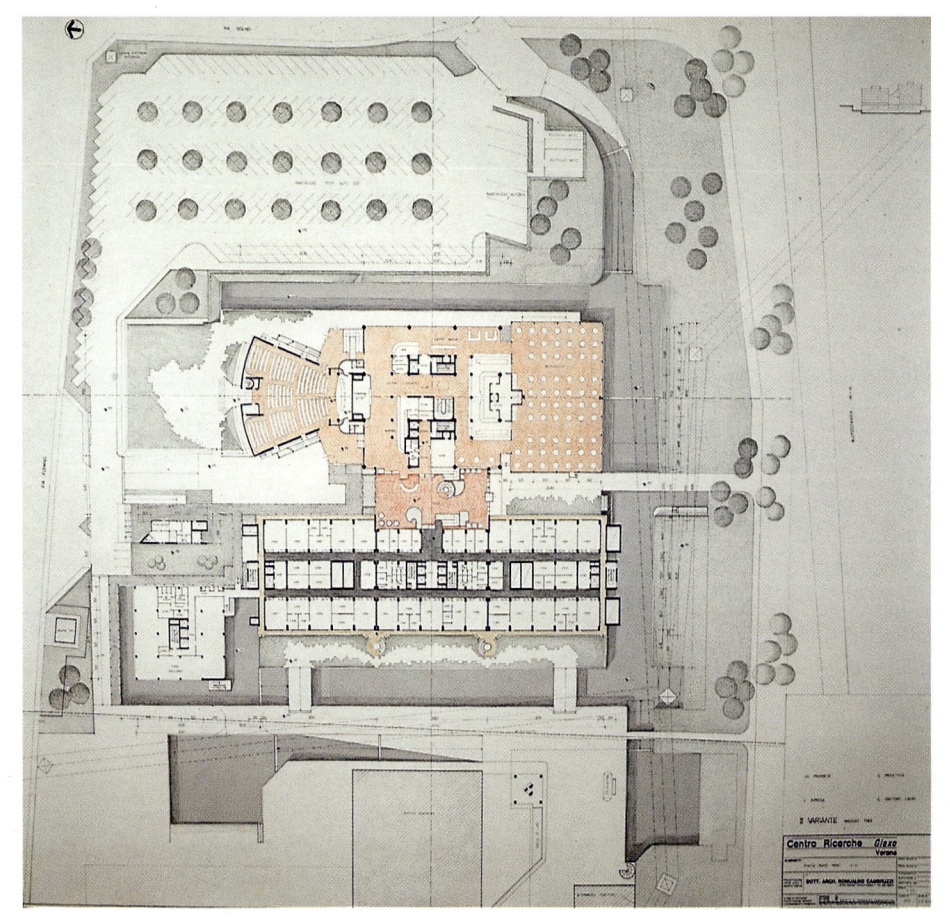

Sezioni e pianta generale.   *Sections and general plan.*

86

Disegno prospettico della hall d'ingresso.

Perspective drawing of the entrance hall.

Convention Center Architects
San Diego Convention Center

Il Centro congressi, situato su un terreno di fronte al mare e vicino al centro commerciale di San Diego occupa una superficie di 158.000 mq, compreso un garage sotterraneo a due livelli. L'edificio contiene al piano terreno un'area espositiva al chiuso, un'altra all'aperto coperta dalla più ampia tensostruttura esistente negli Stati Uniti, e un vasto spazio adibito a sale di riunione, che può essere suddiviso in trentacinque ambienti separati.

Il centro è equipaggiato di bar, ristorante e sale per banchetto che possono accogliere fino a 6000 persone per volta. Il tetto soprastante le sale di riunione accoglie sei campi da tennis orientati verso la città e verso il mare. I servizi del tennis club sono direttamente collegati con l'adiacente albergo.

I progettisti si sono sforzati di concepire una struttura quanto più possibile bassa e gradonata, con un terrazzamento accessibile al pubblico. L'impressione massiccia è mitigata dalla vetratura lineare del vestibolo lungo Harbor Drive e dagli spazi vetrati soprastanti che guardano sulle terrazze a giardino, creando un forte effetto di orizzontalità. La sala esposizioni, caratterizzata da una grande flessibilità, è anzitutto funzionale e consente varie combinazioni spaziali. Tuttavia i fasci di colonne stabiliscono una vigorosa cadenza geometrica, rafforzata dalla particolare illuminazione.

L'esperienza con il centro incomincia dal fronte d'ingresso, con il ritmo possente dei suoi spigoli digradanti a elementi nodali in acciaio inossidabile, l'arco della pensilina e la trasparenza degli alti spazi interni. Il vestibolo è coperto alle due estremità da una volta trasparente, interrotta soltanto al centro dall'imponente gruppo delle scale, delle scale mobili e degli ascensori, che si innalza fino al piano superiore.

Davanti alla scala si apre un corpo cilindrico in parte di vetro che sporge fortemente sul fronte stradale fino alla grande galleria del piano superiore. Quest'ultima si estende attraverso l'edificio, congiungendo le due gallerie laterali del centro, e funge da spazio introduttivo alla grande sala da ballo. È un alto ambiente a volta che si affaccia sull'area espositiva ed è in asse con essa. Le sue finestre riflettono le finestre ad arco o circolari all'estremità della galleria laterale a volta della sala riunioni. Medaglioni vermigli fissano i cavi anch'essi verniciati di rosso della tensostruttura, mentre il tetto e i congegni meccanici sono blu oltremare. Il soffitto della sala da ballo è una semplice griglia con illuminazione diffusa dall'alto, divisibile nella sua lunghezza in settori flessibili. Da entrambi i lati si trovano ampi corridoi di servizio.

Le gallerie antistanti le sale riunione si aprono su balconi nel fronte verso la città, e su larghe terrazze alberate sul lato della baia. I soffitti a volta sono articolati da nervature incrociate. Le volte continuano verso l'esterno da entrambi i lati dell'area a tendone, con pergolati a cavi, coperti da rampicanti. Le terrazze laterali prospicienti la baia sono accessibili al pubblico sia al piano superiore che a quello inferiore, e offrono una splendida vista.

Gli ambienti interni sono stati concepiti come un tutto unico con l'esterno anziché come elementi separati: la scelta dei materiali, i motivi e i colori dei tappeti si armonizzano con i materiali di base dell'edificio.

The Convention Center, located on a waterfront site near downtown San Diego, measures 1,700,000 square feet, including a two level garage below grade. The building contains an enclosed flat floor exhibit area, an open air flat floor exhibit area covered by the largest clear span, cable stayed tensile structure of its kind in the United States and meeting rooms which can be subdivided into thirty-fire separate spaces. There are full on-site food service and banquet facilities for up to 6,000 people at a seating. The lower roof over the upper level meeting rooms is used for six tennis courts oriented towards the city and the waterfront. The tennis club facilities have a direct connection to the adjacent hotel.

In the design every effort was made to keep the structure as low as possible to distribute the accommodation in a stepped form of publicly accessible terracing, to make the roof visibly usable, visually inviting from below.

The exhibition hall, determined ultimately by flexibility, is primarily utilitarian and allows for various combinations of the main space. However, the main column clusters establish a strong cadence in the space reinforced by their solidity and special lighting.

The experience of the center begins at curbside with the powerful rhythm of the gantry-like fins with their stainless steel nodal features, the arc of the canopy and the transparency of the lofty inner spaces. The lobby at either end is clearly vaulted and interrrupted only at the center where the powerful cluster of the escalators, elevators and stairway break through to the upper floor. At the landing of the stair, a glass cylinder protrudes dramatically over the street in the ascent to the grand gallery above. The grand gallery extends across the building, joining the two lateral prefunction galleries on either flank of the center and acting as the prefunction space for the grand ballroom. It connects on the opposite side to the escalators, elevators and stairway leading to the mezzanine level of meeting rooms. It is a lofty vaulted room overlooking and on axis with the tented exhibition space. Its windows reflect the arched and circular windows terminating the vaulted side gallery of the meeting rooms. Vermillion medallions pick up the red coated cables of the tent structure which, with the ultramarine details of the roof and mechanical devices, echoes the port side primary colors. The grand ballroom ceiling is a simple egg-crate with up lighting divisible through its length by flexible partitions. On either side are generous service corridors.

The meeting room prefunction galleries open to balconies on the city side and broad planted terraces on the Bay side. Their vaulted ceilings are articulated by cross ribs. The gallery vaults continue out on either side of the tented space with cable trellises supporting vines.

Both upper and lower Bay side terraces accessible to the general public have fine views of the Bay.

The interior spaces were conceived and treated concurrently with the exterior of the building and not as a separate element. The selection of materials, carpet patterns and colors are harmonious with the basic materials of the building.

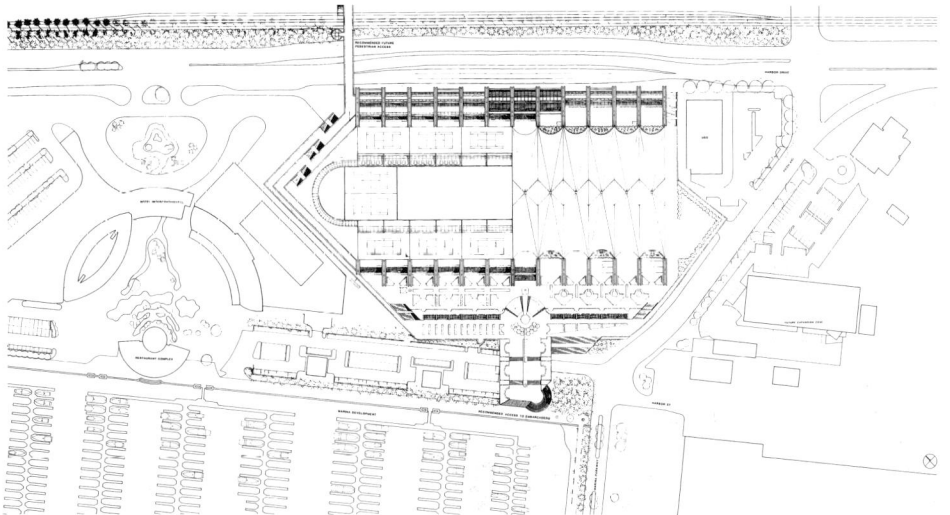

Veduta dal porto e planimetria generale.   *View from the port and general plan.*

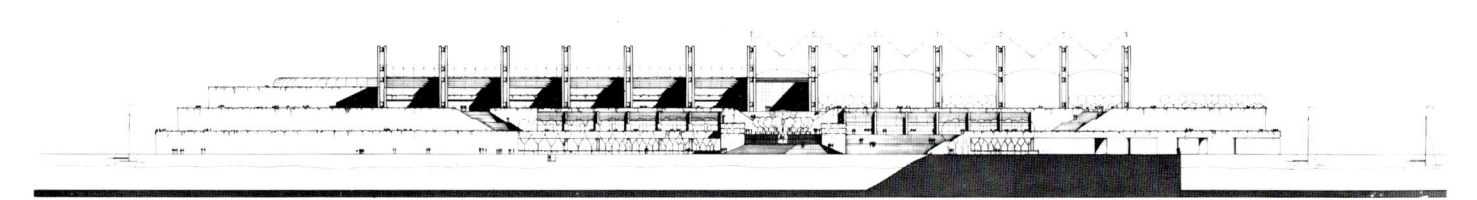

Il prospetto e il fronte sud. *Facade and southern front.*

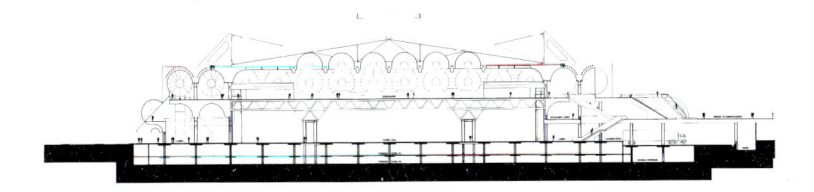

Sezione trasversale e la grande piazza coperta.

Cross section and the large covered square.

91

Vedute, pianta e sezione della tensostruttura.

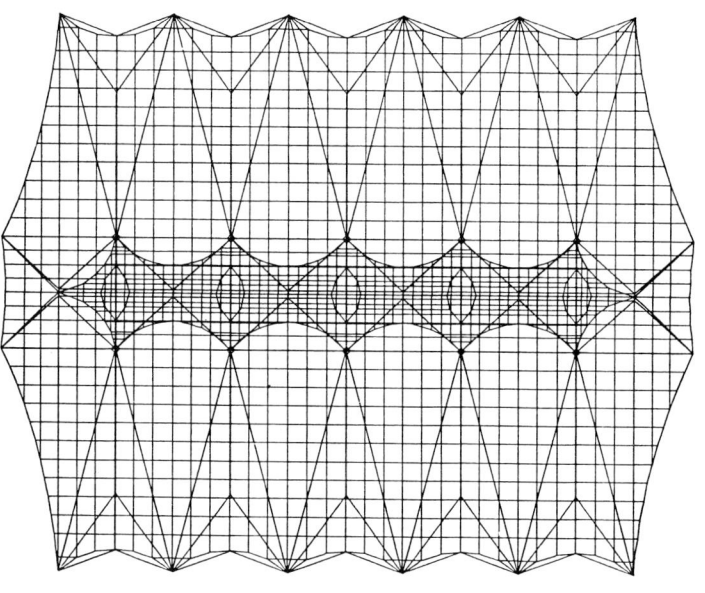

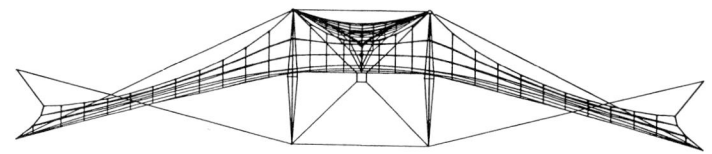

Views, plan and section of the tensile structure.

Vedute e disegno dell'ancoraggio alla tensostruttura.

Views and drawings of the support of the tensile structure.

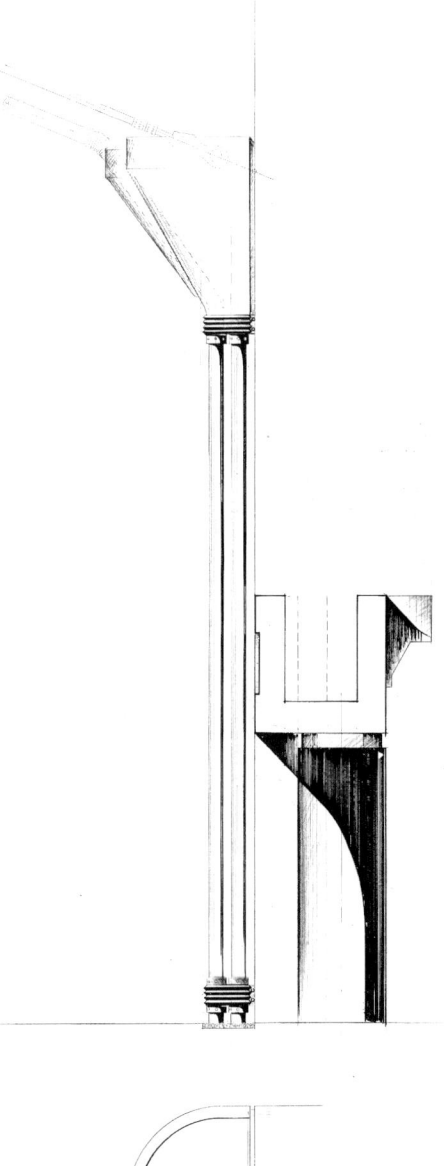

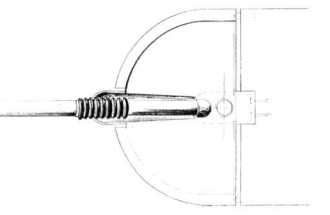

Eisenman, Trott Architects
**Wexner Center for the Visual Arts,
Ohio State University, Columbus, Ohio**

Il progetto del centro Wexner per le arti visive integra le geometrie tanto della Ohio State University che della rete stradale di Columbus City. Il centro traccia un nuovo asse principale est-ovest di accesso al campus della Ohio State University. Una volta stabilito questo nuovo asse, la principale arteria di circolazione del complesso è stata tracciata perpendicolarmente ad esso, passando fra l'auditorium Mershon e la sala Weigel. Questa strada diventa un secondo asse di accesso in direzione nord-sud. Il nuovo incrocio che si determina fra questi due assi definisce l'intersezione della griglia dell'università con quella della città e simboleggia l'integrazione delle arti con la comunità.

L'intento progettuale è quello di incoraggiare la creazione di nuove forme e nuove tecnologie dell'arte. Il centro comprende un insieme estremamente complesso di gallerie espositive e spazi pubblici. Ogni ambiente è unico; l'ordinamento non ripetitivo degli spazi comprende una tecnologia altamente sofisticata. Questa tecnologia gioca un ruolo essenziale nella definizione di ogni singolo spazio, come la struttura stessa. Il centro comprende quattro gallerie principali, due teatri, un ambiente per la sezione di tecnologia artistica per la qualità delle stazioni radiotrasmittenti, sale per audizioni musicali, settori amministrativi e di servizio. L'intero complesso è fornito di sistemi di audio e videodiffusione.

Il centro Wexner per le arti visive può essere inteso come una flessibile e sempre mutevole macchina altamente tecnologica per la produzione di arte nelle sue varie forme. I tre sistemi costruttivi che meritano più attenzione, l'armatura esterna, il curtain wall e l'acustica, sono stati prescelti perché la loro innovazione tecnologica consentiva di realizzare nel modo più diretto la teoria e l'estetica architettonica.

L'armatura esterna è costituita da un grande reticolo in acciaio a maglia quadrata, che determina un costante intreccio di elementi verticali e orizzontali. È stata strutturalmente progettata con un sistema di giunti resistenti alla dilatazione termica, non solo per compensare il movimento sulla sua lunghezza di oltre 200 metri, ma anche per compensare il movimento mentre trasferisce i suoi carichi alla struttura interna dell'edificio, quando penetra nel curtain wall e nel tetto inclinato.

I nove diversi tipi di vetro che costituiscono il curtain wall sono speciali. Ognuno è stato progettato con un filtro ultravioletto integrale e diverse paste per consentire un massimo di trasmissione della luce del 7%. Lo sguardo può così penetrare dall'esterno nelle gallerie pur distinguendo le differenti tessiture vetrose.

L'armatura del curtain wall è stata progettata specificamente non solo per consentire elasticità al sistema stesso della parete, ma anche per compensare il movimento della struttura esterna che trapassa il curtain e trasferisce i carichi alla struttura interna di acciaio.

Gli impianti acustici, pur con soluzioni formalmente simili, sono espressamente studiati per ogni singolo ambiente. Un sistema di pannelli uniformi di metallo a griglia con combinazioni di materiali riflettenti e assorbenti, collocati sul retro, consente un adeguato controllo acustico per ogni area. Data la possibilità di cambiamento d'uso e dell'eventuale incremento della tecnologia elettronica adottata, tale sistema consente di regolare l'acustica modificando la quantità di materiale riflettente o assorbente dietro i pannelli, senza cambiare l'aspetto uniforme del sistema.

The design of the Wexner Center for the Visual Arts integrates che geometries of both the Ohio State University and the City of Columbus street grids. The center establishes a new east-west main entrance axis to the Ohio State University campus. Once having established this new axis, the major circulation spine of the building was placed perpendicular to it, cutting through Mershon Auditorium and Wigel Hall. This created a second entrance axis in the north-south direction. The new crossing created by the intersection of these two axes defines the intersection of the university grid and the city grid and symbolizes the integration of the arts with the community.

The center contains a highly intricate ordering of galleries and public spaces. Each space is unique. The non-repetitive ordering of spaces incorporates a highly sophisticated state-of-the-art technology unique to each space. This technology is as much a part of the definition of each space as is the structure itself. The center contains four major galleries, two theaters, an art technology area of broadcast studio quality, music rehearsal rooms, and administrative and support areas. The entire facility is wired for audio and video broadcasts which gives any area of the center the capability of television broadcasting.

The Wexner Center for the Visual Arts could quite properly be conceived of as a flexible, everchanging, highly technological machine to produce art in its many forms. Virtually every system; lighting, electronics, mechanical, etc. is technologically innovative and unique to this center.

Three of the more important systems deserving of comment are the exterior scaffold, the glass curtain wall and the physical acoustics. These systems have been selected because their technological innovation most directly allowed the architectural theory and esthetics to be realized.

The external scaffold is constructed of large square steel tubing, which creates a constant flow of dual axes in both the vertical and horizontal dimensions. It was structurally designed with a system of unique weather-tight joints not only to compensate for movement over its more than 600-foot length, but also to compensate for movement as it transfers its loads through penetrations in the glass curtain wall and sloping glass-roof to the interior structure of the building.

Each of the nine different glass types in the curtain wall is unique. Each was designed with an integral ultraviolet filter and different combinations of glass to allow a maximum light transmission of 7%. The purpose was to allow visual penetration from the exterior into the galleries and permit sufficient distinctions between adjacent glass types to allow the glass pattern to be read without the penetration of harmful ultraviolet light into the galleries.

The framing of the curtain wall was also specially designed not only to allow for movement within the curtain wall system itself, but also to compensate for movement of the external structural system which penetrates the curtain wall system and transfers loads to the interior structural steel system.

The physical acoustics were esthetically designed to be the same in appearance while functioning quite differently in each space.

A system of uniform metal grid panels was designed with combinations of reflective and absorptive materials inserted behind these panels to allow for proper acoustic control in each space. Due to the uncertainty of future uses and the large amount of electronic technology in these spaces, this system allows the acoustic quality of each space to be adjusted by altering the amount of reflective or absorptive material behind the panels while still retaining the uniform visual appearance of the system.

Schema di intersezione delle griglie e piante dei due primi livelli.

Scheme of the intersection of the grids and plans of the first two levels.

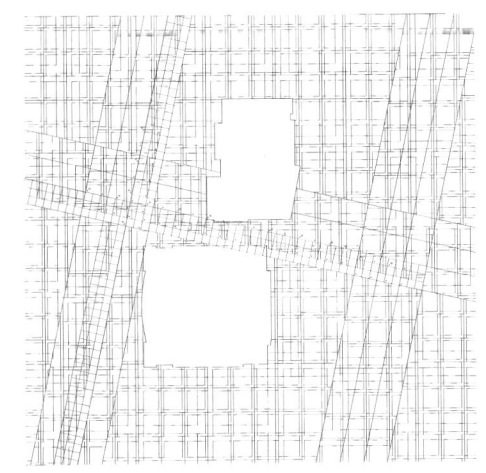

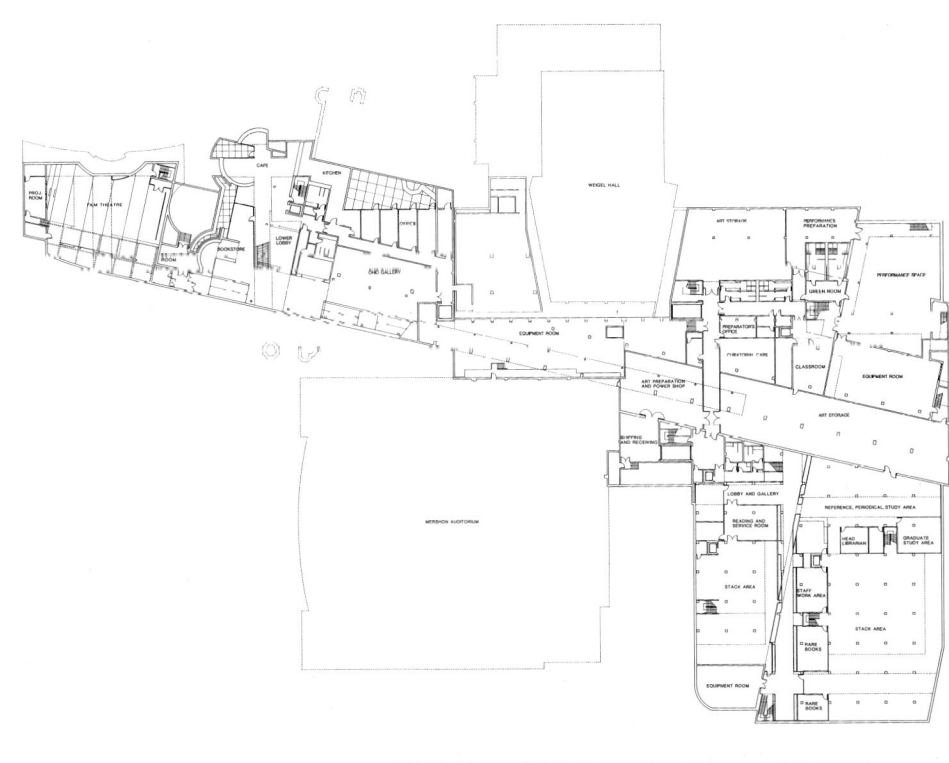

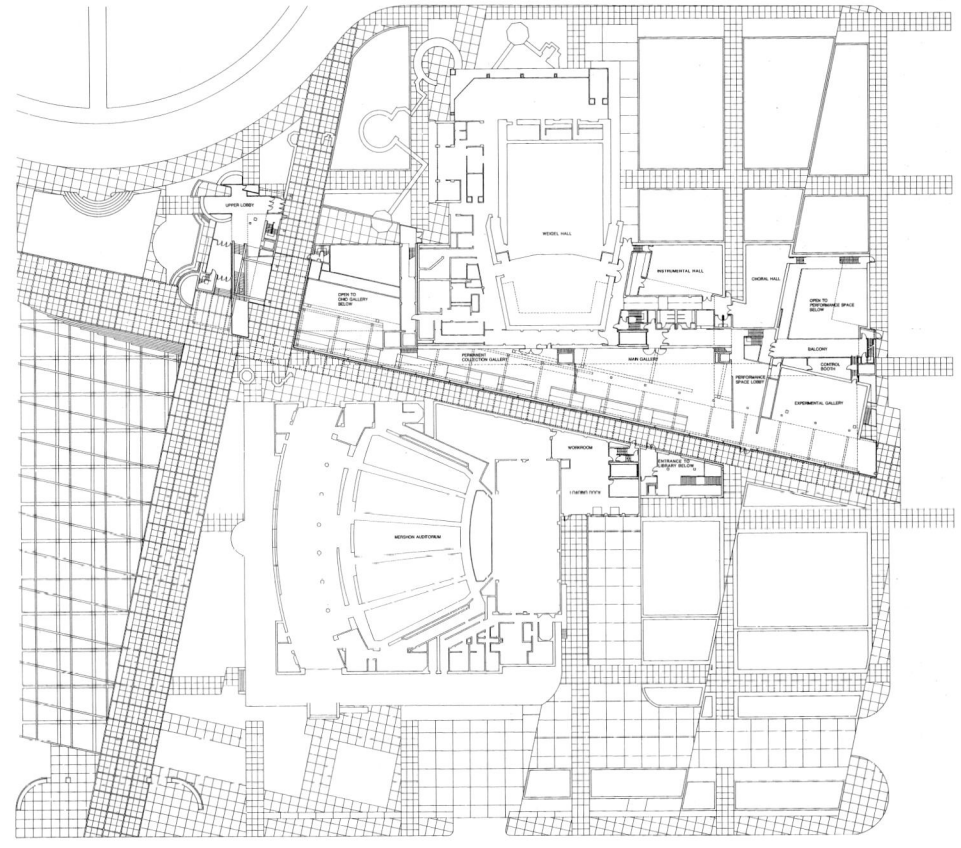

Veduta della struttura reticolare lungo la rampa e dettaglio della torre tagliata. *View of the scaffolding along the ramp and detail of the radius tower.*

La struttura reticolare contro il fronte di vetro.

Details of the scaffolding against the glass facade.

La via interna alla galleria principale, dettaglio dei muri di pietra, dell'interno dello studio televisivo e della struttura reticolare.

The interior circulation ramp of the main gallery, detail of the stone walls, of the television studio and the scaffolding.

Veduta del fronte sud.   *View of the south front.*

Mario Foltran & Nerino Meneghello
Centro commerciale e direzionale "Comparto 14"

Il progetto che presentiamo cerca di adeguarsi alla struttura del centro storico di Conegliano, costruito sul declivio di una collina morenica.
Il progetto è nato dal recupero e dalla ristrutturazione urbanistica ed edilizia di un'area utilizzata fin dagli inizi del secolo per attività industriali.
Il piano regolatore della fine degli anni settanta aveva assegnato a quest'area, oltre alla possibilità di essere utilizzata per attività commerciali, direzionali e residenziali, anche funzioni di nodo essenziale per il recupero e la riqualificazione del centro storico della città.
Con il progetto edilizio doveva essere risolto un delicato nodo di circolazione pedonale e veicolare collocando anche, all'interno dell'isolato, una grossa struttura di parcheggi.
All'interno dell'area è stato costruito un volume complessivo di 70.000 mq; nei due piani interrati del basamento sono stati realizzati garages e magazzini; nel piano a quota delle strade perimetrali ci sono attività commerciali e spazi variamente sistemati con porticati, piazze e zone verdi; ai piani superiori si sviluppano con spazi di diversa dimensione e collocazione attività direzionali e residenziali.
La costruzione, iniziata nel 1987, è ancora in corso e la sua ultimazione è prevista per il 1990.
Sotto il profilo urbanistico i valori essenziali del progetto risiedono nel modo in cui sono stati risolti i rapporti tra gli spazi aperti e chiusi, i passaggi dalla rete dei percorsi esistenti, che si estendono nei vari punti del centro storico, a quelli di una nuova formazione negli attraversamenti della nuova struttura.
Evocando in molte parti le suggestioni formali delle costruzioni del centro storico, l'architettura di questo complesso edilizio si pone il problema di tradurre la ricchezza di forme e di materiali in un'uguale ricchezza di esperienze per il visitatore.
Gli edifici del centro storico sono il frutto di una continua episodicità di forme, di dimensioni, di colori.
La stessa episodicità può essere evocata e ricostruita ponendo tutta l'attenzione necessaria alle suggestioni delle più diverse necessità funzionali, costruttive e spaziali che nascono dall'adeguamento del progetto alle necessità del luogo, del programma, dei materiali e non da forme precostituite.
Le difficoltà di impiego di materiali e tecnologie innovative negli interventi di ristrutturazione o di recupero del centro storico derivano dalla loro scarsa adattabilità a impieghi non ripetitivi. La tecnica artigianale non era ripetitiva; nella sua imprevedibile episodicità conteneva ampi spazi per momenti poetici.
Il tentativo che è stato avviato con questo progetto è quello di aprire con i metodi della innovazione tecnologica un varco alla poesia.
La schematicità della facciata ventilata è stata scomposta nei suoi componenti e ricucita su misura di una ristrutturazione flessibile, ricca di spunti cromatici e di valori plastici.
Sotto il profilo tecnologico gli elementi di facciata sono stati impiegati con tutto il loro contenuto innovativo: profili in alluminio a scomparsa, vetro strutturale, intercapedine di ventilazione, isolamento delle strutture; tuttavia nessuno di tali componenti, se si esclude il vetro, assume valore costruttivo delle facciate. La capacità costruttiva è stata affidata a intervalli in bronzo, a tassellature costituite da vetri colorati, a modanature strutturali, sia verticali che orizzontali, che disegnano le spaziature delle fronti.
La facciata è in questo caso disegnata come un episodio coloristico, con le possibilità espressive di un mosaico inserito negli spazi dell'architettura.

This project seeks to adapt to the structure of the historic city center of Conegliano, built on a morain hill. It grew out of the retrieval and urban redevelopment of an area used at the start of this century as an industrial site.
The town plan drafted in the late 1970s earmarked this area for commercial, administrative and residential use as well as designating it an essential nexus for the redevelopment and rehabilitation of the town's historic center.
The construction project was also meant to solve problems concerning circulation of pedestrians and traffic by creating a large car park within its confines.
The total built volume of buildings on the site is 70,000 cubic meters. Garage space was provided in the two basement levels together with storage bays. The floor level with the perimetral roads contains shops and commercial activities and has porticoes, *piazzas* and garden areas. On the upper floors there are offices and residential units of different sizes.
Work began on the building in 1987 and is still under way; completion is targeted for 1990.
In terms of urban design, the essential value of the project lies in the handling of relationships between open and enclosed spaces, the continuation of the various existing pathways into the historic city center and new paths created through the center itself.
The architecture of this complex evokes many aspects of the buildings in the historic center and faces the problem of transferring the richness of forms and materials found there into a comparably rich experience for the visitor.
The traditional town architecture is the outcome of a continuous development of forms, dimensions and colors. The same development can be evoked or reconstructed by devoting sufficient attention to the most diverse functional, constructional, technical and spatial needs that stem from the adaptation of the project to the requirements of the place, the program and materials, and not treating them as preconceived forms.
The difficulties involved in the use of new materials and innovative technologies in restructuring or rehabilitating the city center derive from their unsuitability for repetitive use. Craftsmanship was not repetitive; in its unpredictable and episodic nature it contained ample room for individual inspiration. The attempt made in this project was to open up the methods of technological innovation to this kind of inspiration. The schematic nature of the ventilated facade has been broken down into its components and recomposed for flexible restructuring, rich in coloring and sculptural values.
In technological terms, the elements in the facade were used with all their innovatory force: concealed aluminum profiles, structural glass, a ventilation cavity, insulation of the structures. All the same, none of these components, apart from the class, possesses a constructional value in the facades. The constructional capacity has been entrusted to bronze sections, inserts of colored glass, structural moldings, both vertical and horizontal that design the scansion of the elevations.
The facade is here designed like a piece of coloring, with the expressive possibilities of a mosaic inserted into the spaces of architecture.

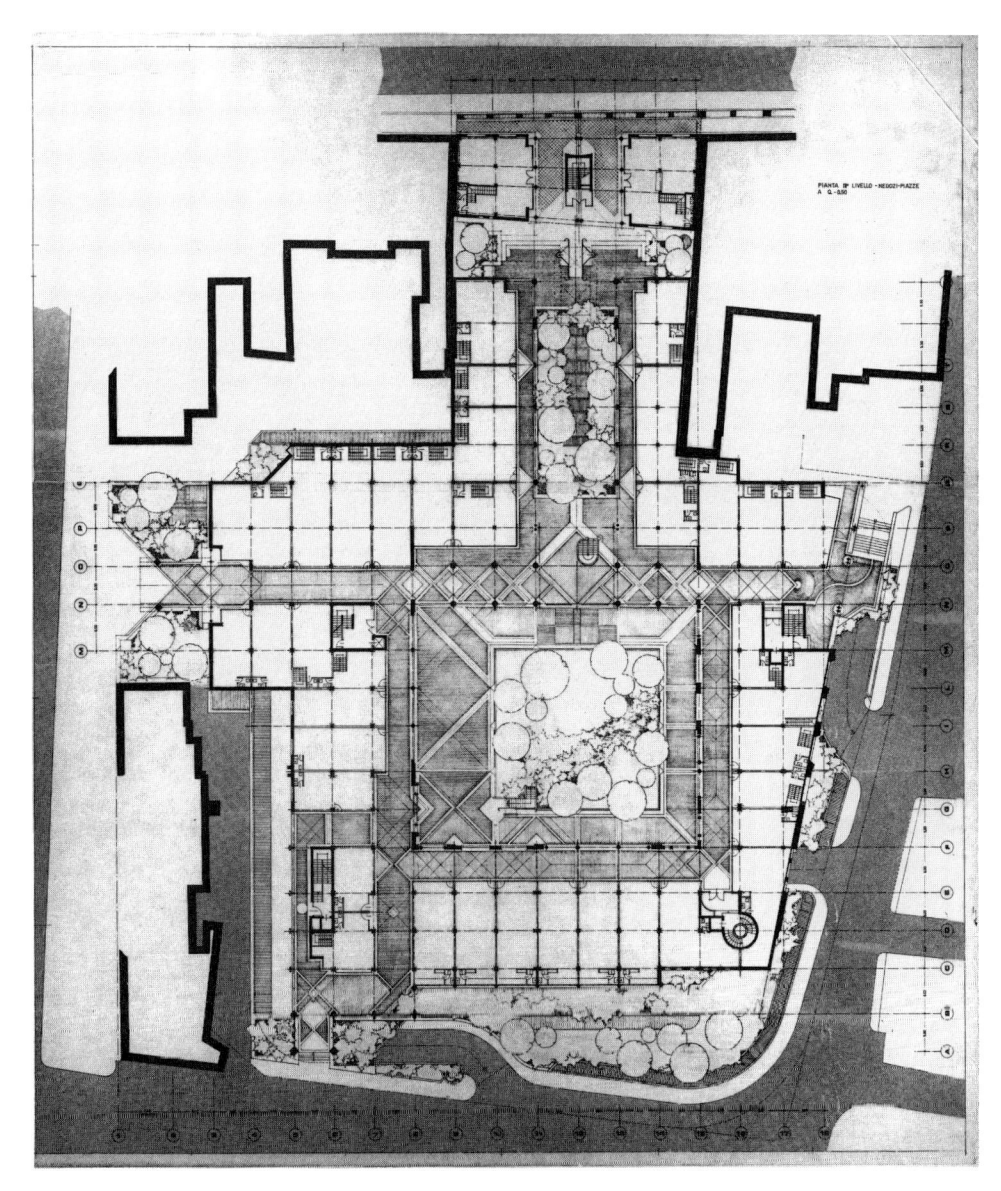

L'ingresso dal lato ovest e pianta del piano terreno.

Western entrance and plan of the ground floor.

Particolari del fronte ovest, della piazzetta interna e di un ingresso.

Details of the western front, small interior square and of an entrance.

103

Particolare del fronte ovest, sezione sulla piazza interna, sezione trasversale, sezione sul giardino e prospetto ovest.

Detail of the western front, section on the interior square, cross section on the garden and western elevation.

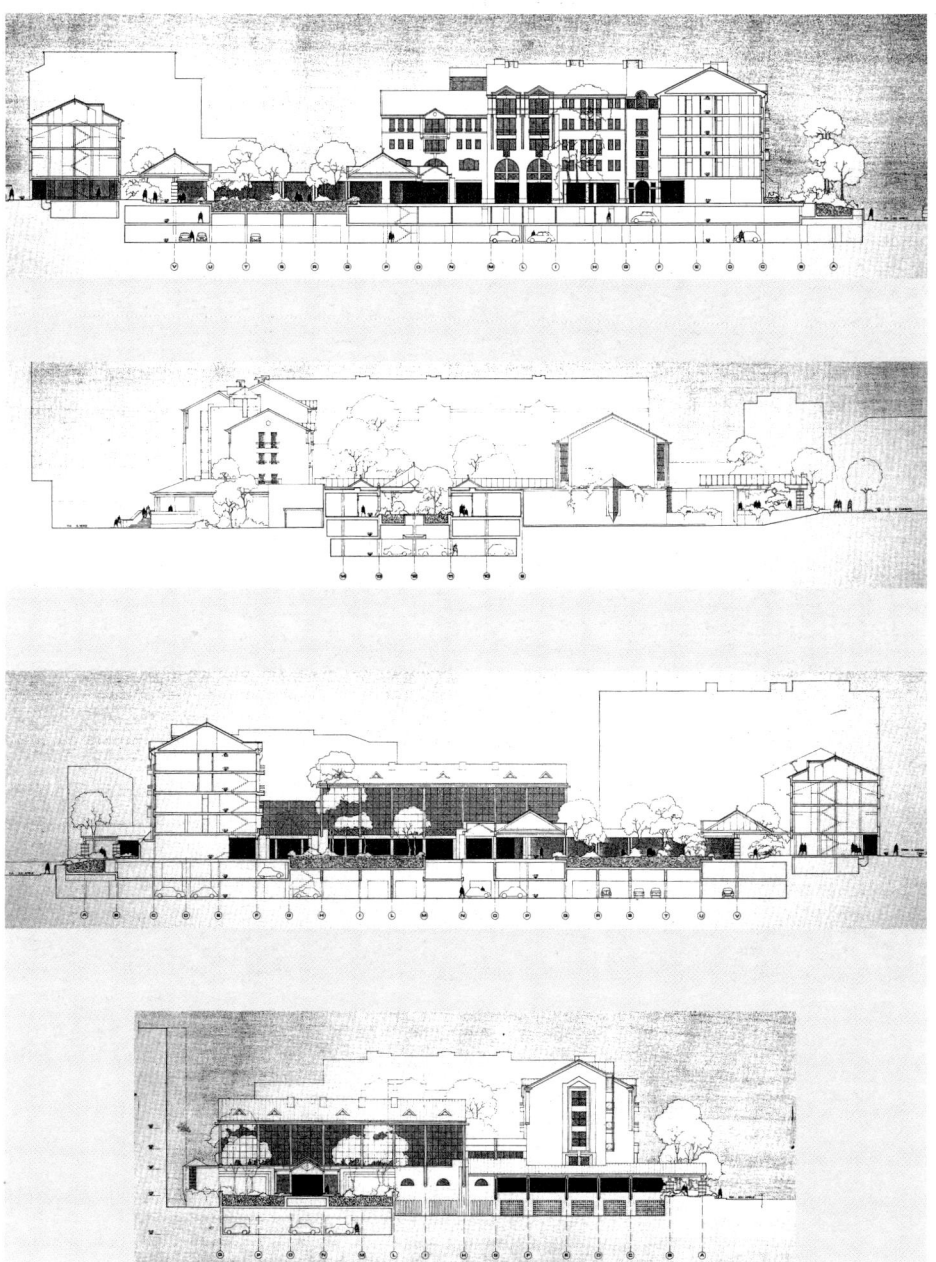

La parete vetrata dell'edificio principale e i lucernari del parcheggio sotterraneo.

Glazed wall of the main building and skylights of the underground parking.

Adriano Galderisi, Silvano Zorzi, A. Laurora
Tempio del Sacro Cuore, Mestre

La chiesa è situata nella zona direzionale di Mestre, a un centinaio di metri dal cavalcavia ferroviario: tenendo conto dei moti pendolari delle masse di lavoratori dalla città alle fabbriche, è venuto naturale progettarla con gli accessi verso questa direzione di traffico.

Il convento è pensile sotto le vele della chiesa, appeso alla trave della struttura principale con cavi Dywidag. Tale soluzione dà una maggiore capienza all'aula adibita a funzioni religiose ed inoltre facilita la composizione di alcuni tipi di celle: alcune a doppia altezza con camera e studio sotto vela, altre sullo stesso livello.

L'asimmetria della chiesa è denunciata anche all'esterno dalla sporgenza del corpo di fabbrica del convento dalle due dimensioni delle vele, dal diverso impegno nel risolvere il problema degli angoli a seconda della loro importanza entro il sistema viario circostante, dal diverso trattamento delle pareti vetrate.

La struttura portante è tutta in evidenza, perfettamente leggibile: pilastroni esterni al muro di base, con vele gravanti (con interposti cuscinetti in neoprene) sul travone di colmo su cui è agganciato il convento pensile.

Il tempio ha una forma in pianta più o meno quadrangolare delle dimensioni di circa 55 x 35 m.

Il perimetro è racchiuso da un muro in cemento armato inclinato verso l'interno e ringrossato ai quattro vertici per le strutture di appoggio della copertura.

Quest'ultima è costituita da due vele vincolate, oltre che sui muri perimetrali, su di un ampio portale che si sviluppa esternamente dai lati maggiori dell'edificio ed a cavallo di esso.

Da un punto di vista strutturale, gli elementi salienti del santuario sono appunto la copertura a vela e il portale principale.

Le strutture più importanti sono indubbiamente rappresentate dalle due coperture a vela (vela maggiore e vela minore).

Ciascuna di queste è costituita da dodici travi-falci in cemento armato precompresso con soletta esterna ed interna, appoggiate in alto alla grande traversa del portale principale tramite appositi apparecchi che consentono piccole rotazioni, quindi funzionano praticamente come cerniere fisse; e collegate in basso ad un travone in cemento armato precompresso poggiante alle estremità su cuscinetti di teflon, scorrevoli per consentire a tutta la struttura della copertura gli spostamenti prodotti dalle variazioni termiche e dalle deformazioni lente. Le travi-falci sono di spessore variabile: in particolare la loro altezza aumenta a partire dall'appoggio di sommità verso il centro ed il travone di appoggio alla base, per poi diminuire nella parte esterna a sbalzo; in effetti il loro intradosso è costituito da una serie di parabole che si vanno sempre più assottigliando quanto minore è l'altezza delle travi.

Le dodici travi-falci di ciascuna vela sono collegate tra loro per mezzo di due solette sottili in cemento armato. Tutte le falci sono state precompresse.

Il portale principale è costituito da due piedritti (inclinati di circa 8° 30' rispetto alla verticale) collegati alla sommità da una grande traversa ed alla base da un tirante in cemento armato precompresso. I due pilastroni in cemento armato sono incastrati alla base su due plinti di fondazione, indipendenti dalle altre fondazioni, ciascuno dei quali poggiante su sedici pali trivellati in cemento armato del diametro di un metro.

La grande traversa del portale è una trave scatolare in cemento armato che sostiene, oltre alle falci delle due vele di copertura, due solai per mezzo di pilastrini circolari precompressi e pure la parete in cemento armato necessaria per sostenere i solai in laterocemento del lato est della chiesa.

The church stands in Mestre's managerial center about a hundred meters from the railway bridge. Given the mass of workers and commuters that come in from the town to work in the factories, it was natural to design the church with access to the main flow of traffic.

The convent is slung below the sail shaped vaulting cell of the church, itself suspended from the main structure by Dywidag cables. The scheme creates a larger capacity for the chamber used for church services and also facilitates the composition of certain kinds of cells: some at double height with bedroom and study underneath the vaulting cell, others all on one level.

The church's asymmetry appears also on the outside from the section of the convent block that projects beyond the two dimensions of the vaulting cells, from the different ways of handling the problems of the corners which differ according to their relative degrees of importance within the surrounding road network, and from the different treatments of the glazed walls.

The load-bearing structure is fully evident and perfectly legible: pillars outside the base wall, with vaulting cells (on interposed ball bearings made of neoprene) that rest on the main girder, on which rests the ridge girder to which is attached the convent.

The church has a ground plan that is roughly quadrangular and measures 55 x 35 m.

The perimeter is enclosed by a reinforced concrete wall inclined inwards and thickened at the four vertices for the structures on which the roof rests. The roof consists of two vaulting cells, fixed by the two perimetral walls as well as a large portal that extends externally from the main sides of the building and straddling it.

Structurally, the main features of the sanctuary are the vaulting cell roof and the main portal.

The two most important structures are undoubtedly the two vaulting cells (larger and smaller).

Each of these is composed of twelve beams made of prestressed reinforced concrete, with external and internal floor slabs resting on the crosspiece of the portal by means of special fixtures that permit a small degree of rotation and hence function virtually like fixed hinges. The link at the bottom is provided by a beam made of prestressed reinforced concrete resting at its ends on teflon ball bearings which slide and allow for shifts in the whole roof structure caused by thermal variation and gradual deformation. The sickle beams are of variable thicknesses: their height increases starting from the support at the top of center and the girder at the base, then grow smaller again in the outer projection section. Effectively their intrados is composed of a series of parabolas that grow increasingly slender as the height between the beams diminishes.

The twelve sickle beams of each vaulting cell are linked by means of two narrow reinforced concrete slabs. All the sickle beams are prestressed.

The main portal comprises two piers (inclined at an angle of about 8°30' from vertical) linked to the top by a large crosspiece and at the base by a prestressed reinforced concrete tie-beam. The two piers, made of reinforced concrete, are fixed at the base to two foundation plinths, independent of the other foundations, each of which rests on sixteen reinforced conrete posts one meter in diameter. The great crosspiece of the portal is a box-girder in reinforced concrete that supports the two sickle beams of the roof as well as two slabs, borne on prestressed circular pillars and also the reinforced concrete wall needed to support the brick-cement slabs of the east side of the church.

Veduta dalle rampe d'ingresso. *View of the entrance ramps.*

Vedute della vela del tetto, prospetto laterale e sezione trasversale.

Views of the sail-shaped roofing, side elevation and cross section.

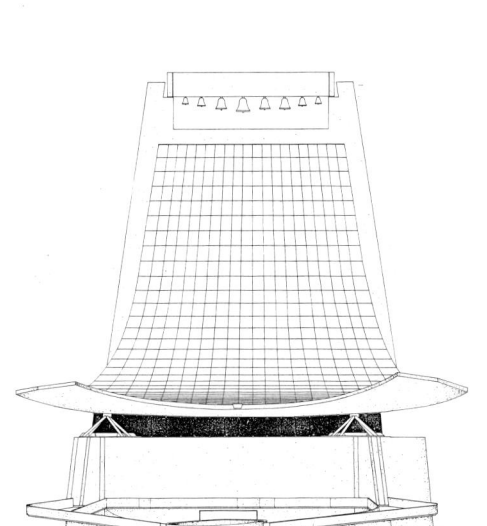

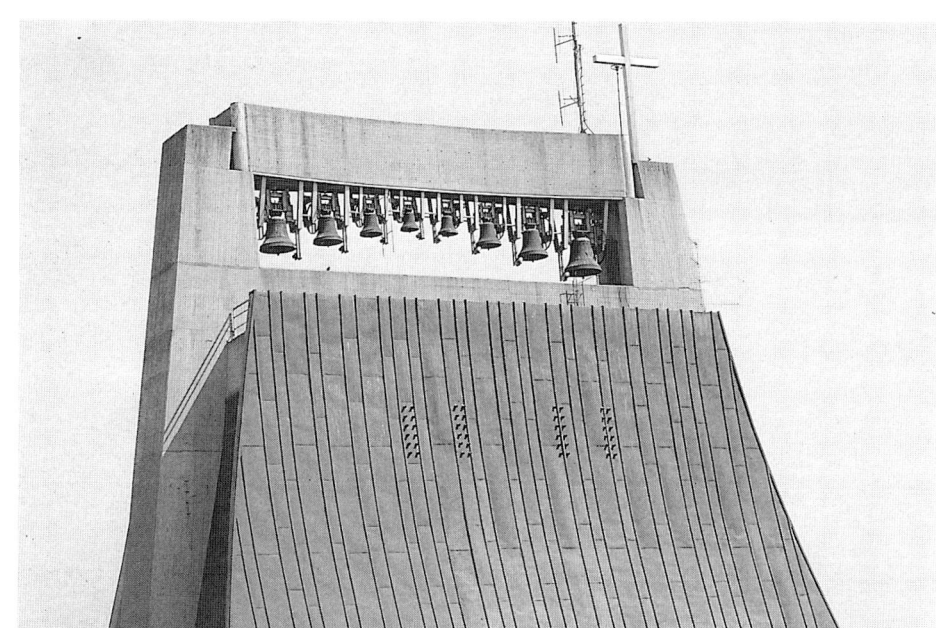

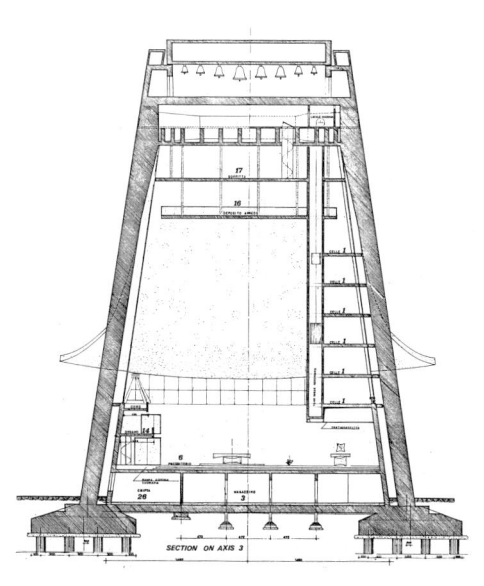

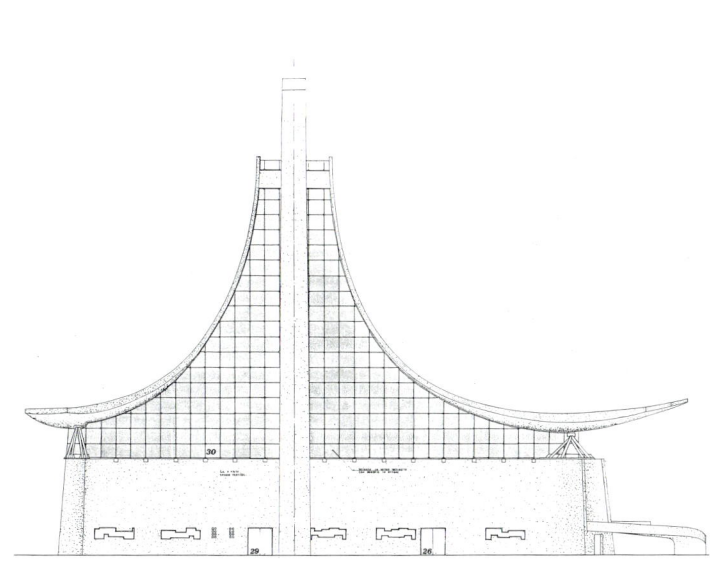

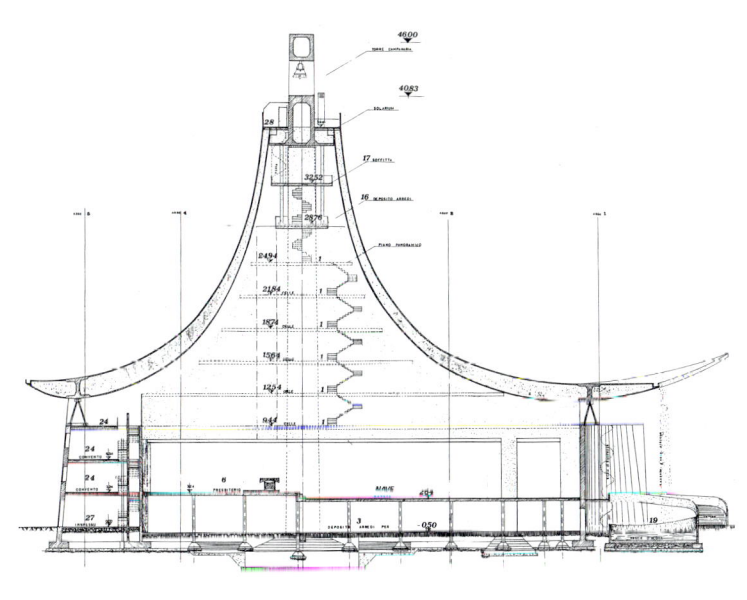

Fronte principale, sezione longitudinale e veduta. *Main front, longitudinal section and view.*

Piante ai due livelli e l'interno.

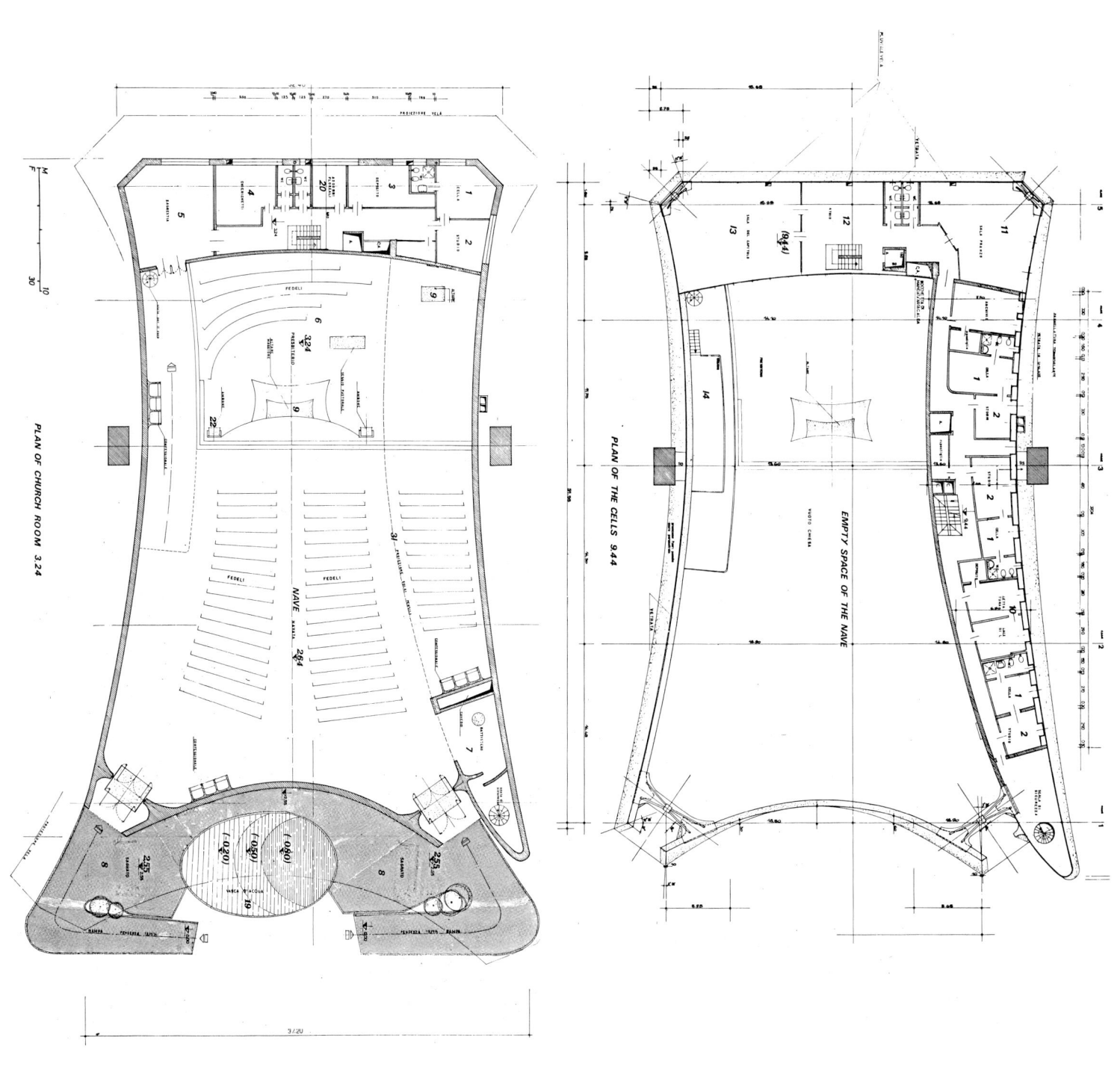

Plans at two levels and interior.

Arata Isozaki & Associates
Sant Jordi Sports Hall

Il Palazzetto dello sport Sant Jordi è stato progettato come una delle principali attrezzature al Montjüic, che ospiterà gran parte delle manifestazioni delle Olimpiadi del 1992 a Barcellona.
Sulla sommità del Montjüic, vicino al mare, si trova uno stadio preesistente, costruito nel 1926 e ristrutturato da Vittorio Gregotti in stadio principale per le Olimpiadi. Quasi tutti gli impianti sul Montjüic, ivi compresi lo stadio principale, il Palazzetto Sant Jordi, la sala per gli incontri di lotta Inef di Ricardo Bofill, il campo di hockey, il campo di baseball, la piscina e una torre panoramica, sono collegati dall'Esplanade di Federico Correa e Alfonso Milà. L'Esplanade inizia sul colle di fronte alla facciata dello stadio principale e scende, seguendo il pendio, fino a incontrare la facciata nord del Sant Jordi.
Durante le Olimpiadi l'impianto sarà utilizzato soprattutto per le gare ginniche, anche se possono essere installate attrezzature per sport al coperto. La grande sala multiuso può anche essere usata per concerti. L'arena principale in questo edificio è situata accanto all'Esplanade e l'arena secondaria è collocata nella parte sud; l'area intermedia è destinata alla circolazione pedonale. Il complesso comprende inoltre spogliatoi, un settore divertimenti, ristoranti e uffici, disposti intorno a tre cortili di diverse dimensioni.
La sala principale è coperta da una complessa struttura a cupola. La grande forma sopra un'armatura controventata in acciaio è stata scelta per l'efficiente metodo di costruzione, il Pantadome Construction Method.
In contrasto con la struttura tecnicamente avanzata, le rifiniture degli esterni e degli interni sono in materiali locali e d'uso comune come i mattoni, la pietra, le piastrelle e rivestimenti in zinco.
La pianta dell'edificio è un rettangolo smussato agli angoli, di 128 x 106 metri, che accoglie adeguatamente l'arena e 1700 spettatori.

La volta di copertura centrale è di 73 x 50 metri. La sua forma è asimmetrica lungo l'asse trasversale. Il perimetro della cupola centrale è un rettangolo curvilineo la cui proiezione coincide con il pavimento dell'arena.
Per quanto riguarda i sistemi strutturali conviene tornare brevemente sul sistema Pantadome, sviluppato allo scopo di costruire armature a cupola in modo economico, rapido e sicuro. Il metodo a sollevamento, in cui l'armatura del tetto è dapprima assemblata a terra, poi viene alzata in genere con martinetti idraulici e fissata alle strutture di supporto a un livello prefissato, è stato applicato a tetti piani con tanto successo che si è tentato di utilizzarlo anche per altre coperture, come le cupole. Le difficoltà erano dovute soprattutto al fatto che una cupola non può essere "ripiegata". Il principio del sistema Pantadome si basa sul fatto che una forma geometrica come la cupola può essere temporaneamente "ripiegata" togliendo una serie di elementi a cerchio periferici.
La cupola contenente tre linee di cerniera circolari è divisa in altrettante parti, ossia la copertura centrale, il toro e le colonne periferiche. Se tutti i membri a cerchio lungo le cerniere circolari fra la zona del toro e la zona delle colonne sono temporaneamente rimossi dalla struttura a cupola, questa diviene geometricamente instabile e può essere ripiegata. Sfruttando questo principio geometrico, un sistema Pantadome può essere assemblato vicino al suolo in forma ripiegata, sollevandolo successivamente mediante un appropriato sistema, come martinetti idraulici o macchine pneumatiche. Così la cupola sale, cambiando forma a seconda dell'altezza che raggiunge. Il movimento della cupola è unico, muovendosi solo in direzione verticale. In altre parole, la cupola possiede un completo sistema di resistenza contro ogni genere di forze laterali, in ogni fase del sollevamento.

The Sant Jordi Sports Hall has been designed as one of the main facilities at Montjüic, where most of the events of the 1992 Barcelona Olympics will take place. A previously existing stadium built in 1929 stands at the top of Montjüic near the sea. This building has been renovated, by Vittorio Gregotti and other architects, and converted into the main stadium for the Olympics. Almost all the facilities at Montjüic including the main Stadium, the Sant Jordi Sports Hall, INEF wrestling hall designed by Ricard Bofill, hockey field, baseball field, swimming pool and a viewing tower, are connected by the Esplanade that has been designed by Federico Correa and Alfonso Milà. The Esplanade starts near the top of the hill in front of the main stadium facade and follows the ridge of the hill downward where it is faced by the north facade of the Sant Jordi Sports Hall.
During the Olympics this sports hall will mainly be used for gymnastics, though it is also possible to set up many kinds of indoor sports installations. This multi-purpose hall can also accommodate concerts. The main arena in this building is situated beside the Esplanade and the secondary arena is located in the southern part of the building. The area between the main arena and the secondary arena is used for pedestrian circulation as well as containing changing rooms, an entertainment area, restaurants and offices that together surround three courtyards of varying dimensions.
The space of the main hall is covered by a complex dome-shaped space frame. The shape of this huge roof formed over a space frame was selected in view of its efficient construction.
In contrast to this technically advanced structure, interior and exterior finishes are vernacular and commonly used materials including brick, stone, tile, and zinc sheeting.
The plan of the sports hall is a rounded rectangle of 128 x 106 m to suitably accommodate the sports arena and 1,700 spectators.
The roof has a central dome that is 73 x 50 m. Its shape is asymmetric about the transverse axis.
The Pantadome System, developed for constructing domical frames economically, safely, and quickly, was used for the roof structures.
In this lift-up method a roof frame is first assembled on the ground and then lifted by means of a hoisting system, such as hydraulic jacks, and fixed to supporting structures at a specified level this system has been applied to "flat" roofs so successfully that attempts have been made to use this construction method on roofs of other geometries such as dome shapes. Difficulties have been avoided in such attempts, mainly because a dome cannot be "folded." The principle of a Pantadome System is based on a fact of geometry that a domical frame can be "folded" temporarily by taking a series of peripheral hoop members out of the dome.
The dome, containing three circular lines of hinges, is divided into three parts, namely the central dome, the torus, and the peripheral framed columns. If all the hoop members on the circular hinges between the torus zone and the framed columns zone are temporarily removed out of the domical space frame, the dome becomes geometrically unstable, and it can be "folded" down. Making use of this principle of geometry, a Pantadome System is assembled at a lower level close to the ground in a "folded" shape. It is then lifted by means of a suitable hoisting system such as hydraulic jacks or air pressure machines. The dome goes up, largely changing its shape according to the height it reaches. The movement only in vertical direction. In other words the dome has a complete resisting system against all kinds of lateral forces at every stage of lifting.

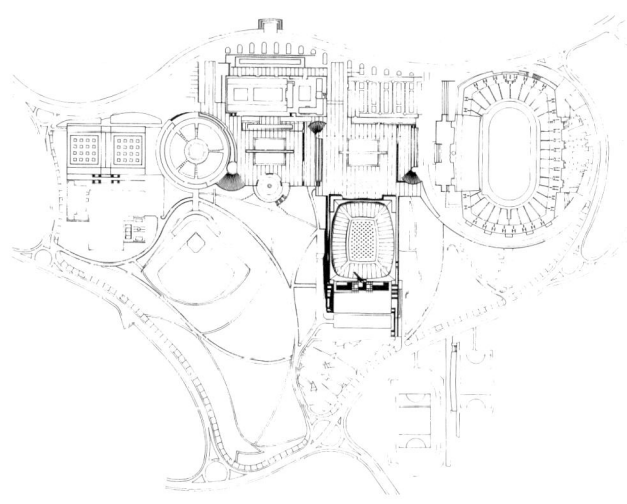

Veduta e planimetria generale. *View and general plan.*

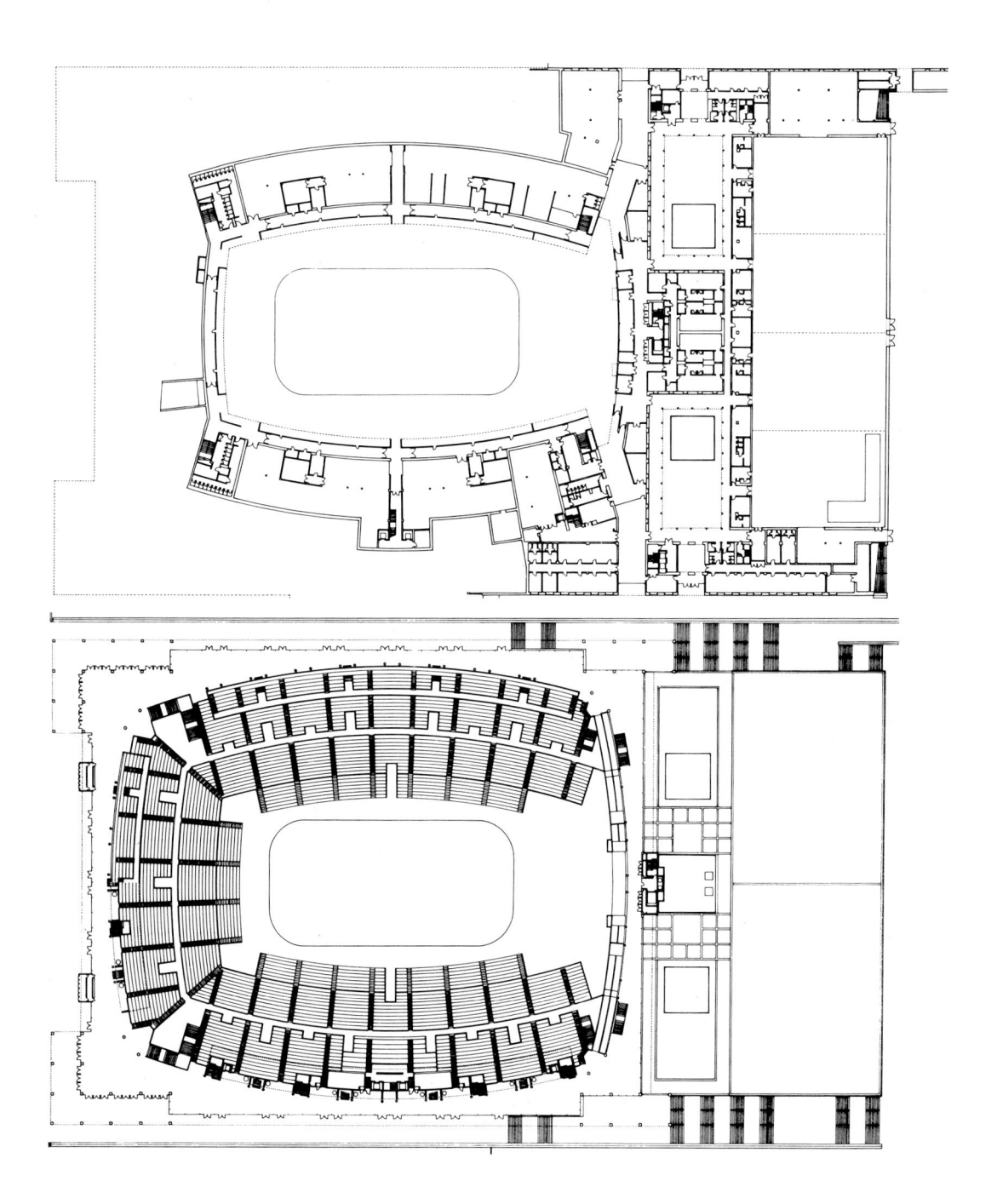

Piante ai diversi livelli. *Plans at several levels.*

Spaccato assonometrico e sezione longitudinale.

Axonometric cutaway and longitudinal section.

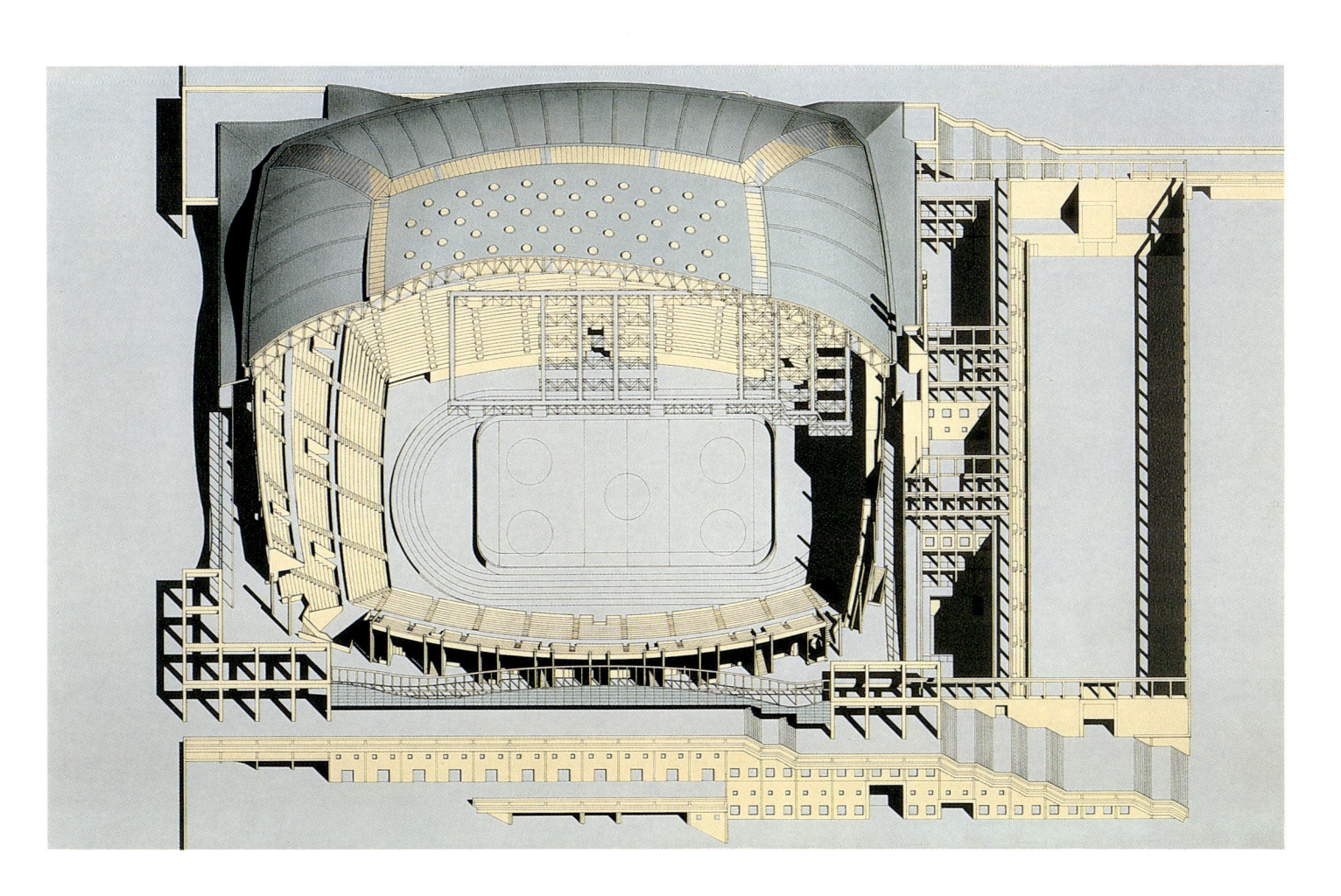

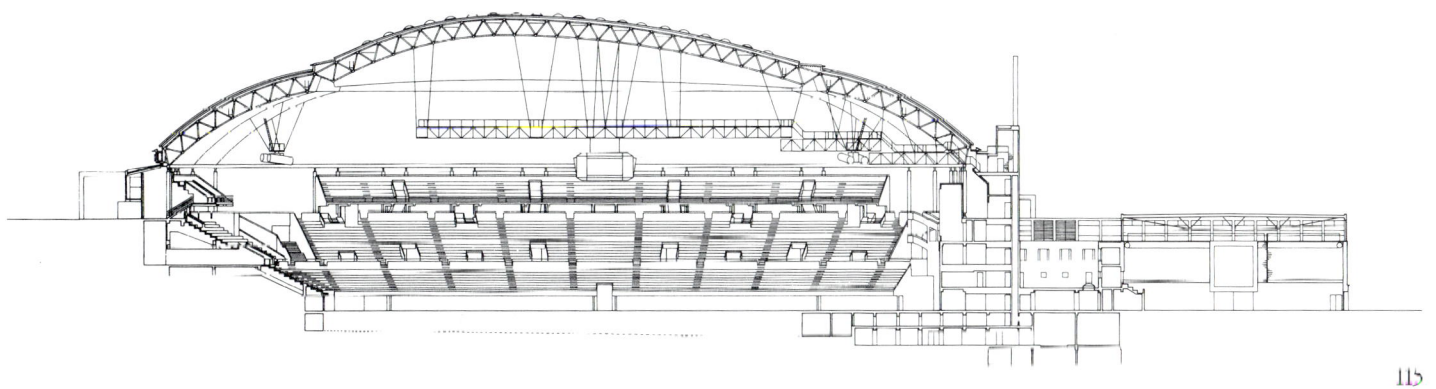

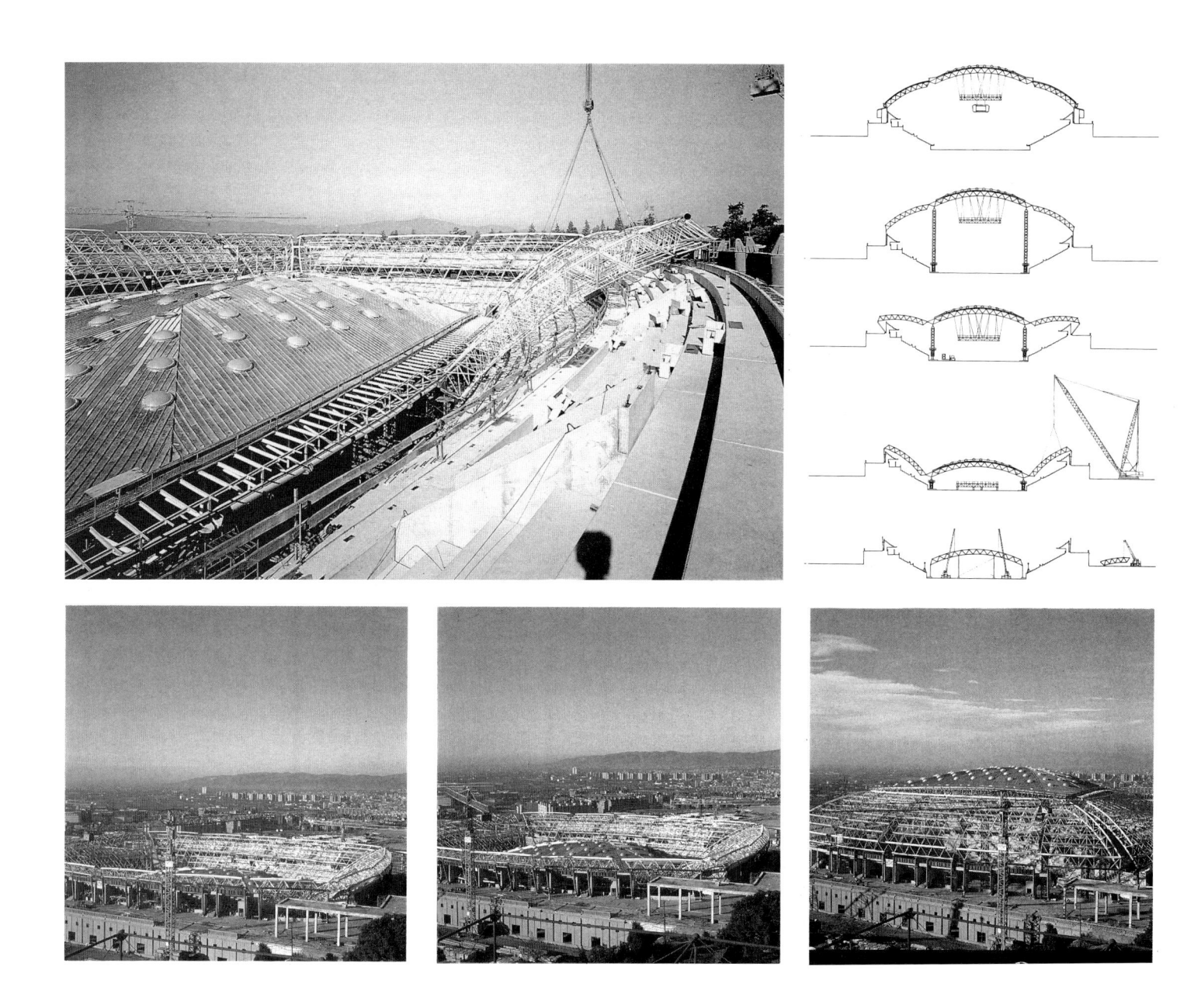

La copertura in costruzione e schema del sistema delle fasi costruttive.

The roof under construction and scheme of the building phases.

L'interno con le tribune. *Interian with the stands*

I due fronti principali e prospetto.

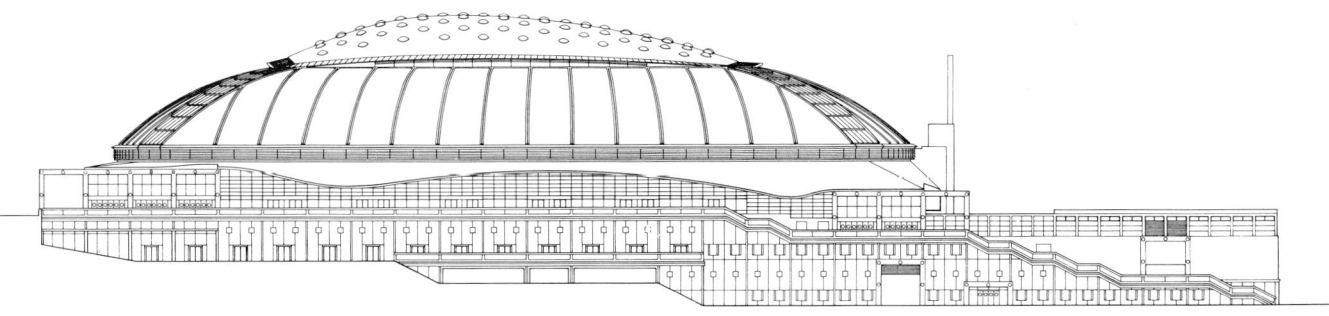

Two main fronts and elevation.

Edward Madigan Torzillo Briggs
Parramatta Commonwealth Offices

Gli uffici del Commonwealth sorgono a ovest di Sydney nel centro di Parramatta. Il terreno è adiacente allo storico parco e alle tranquille rive del fiume su cui l'edificio si affaccia.
Il progetto si proponeva di trarre vantaggio dalle qualità paesaggistiche degli immediati dintorni e di collegare il parco e l'edificio. Di conseguenza, la vista dell'edificio dal parco e la vista sul parco dall'edificio sono entrambe egualmente suggestive.
Il terreno è fiancheggiato sul lato orientale dai fronti posteriori di altri edifici e su quello occidentale dal Family Law Courts. Il tribunale ha imposto al progetto gli allineamenti e il limite di cinque piani sui lati confinanti, per adeguare il rapporto di scala fra i due edifici.
Il programma richiedeva che la maggior parte dello spazio primario per uffici si trovasse entro dieci metri dalle fonti di luce naturale, mentre i locali d'uso temporaneo, come una sala per conferenze, i locali degli impianti e i magazzini, potevano essere collocati al di fuori di questo limite. Gli uffici furono sistemati in tre corpi edilizi, A, B, C. L'edificio A rispetta il carattere urbanistico preesistente, occupando l'angolo della strada sul lato sud (Macquarie St.) con un limite d'altezza di cinque piani. L'edificio B corre parallelo all'edificio A in direzione est-ovest traendo vantaggio dall'esposizione a nord. L'altezza dell'edificio di venti piani è stata estesa fino ai limiti imposti. L'edificio C è un'estensione dell'edificio A che sorge lungo il lato est con un arretramento di 4,5 metri per consentire la vetratura delle pareti orientali. Lo spazio risultante fra gli edifici A e B è costituito da un grande atrio chiuso da pareti di vetro che consente una splendida vista sui dintorni e costituisce il collegamento e l'accesso per il piano terreno.
Il sistema strutturale dell'edificio consiste di una serie di armature a griglia di calcestruzzo gettato in opera che comprende colonne in cemento armato, distribuite su un modulo di 7,2 x 8,1 metri. Nel sistema strutturale sono incorporati nuclei in cemento armato per i servizi e le scale, che contribuiscono alla resistenza contro le forze di carico del vento. Le colonne e i nuclei sono sostenuti da pali appoggiati su uno strato di argillite dura posta 12 metri sotto il livello del suolo.
L'impianto di aria condizionata dell'edificio è stato progettato per ottenere la massima flessibilità con bassi costi di esercizio e manutenzione. Il sistema presenta un impianto centrale di acqua refrigerata e riscaldamento con unità di regolazione dell'aria collocate in una serie di locali di servizio. I fronti principali sono provvisti di unità separate per poter ottenere una regolazione ottimale della temperatura che consentirà di mantenere i ritmi di circolazione riducendo i costi di esercizio. Le zone perimetrali sono provviste di terminali con sfiati d'aria variabili che servono zone più piccole, per aumentare al massimo la flessibilità del sistema. Gli interni sono pure provvisti di unità separate. Ognuna delle singole aree sui piani è dotata di unità terminale a ventaglio per assicurare che la circolazione dell'aria sia mantenuta quando l'aria primaria è ridotta in condizioni di basso carico.
L'intero impianto è controllato da un sistema digitale diretto che verifica e regola i parametri del sistema adeguandoli alle fluttuazioni di carico, riducendo così al minimo i costi di manutenzione.

The Commonwealth offices are located West of Sydney in the Parramatta City Center. The site adjoins historic Parramatta Park. Those occupying and visiting the building can take full advantage of the park amenity with its quiescent river frontage.
The aim of the project was to draw on the landscape qualities of the immediate environment; to take the park setting on to the site. Accordingly, looking into the building from the park and the outlook from the building have similar and equal qualities. The building mirrors the environment.
The building provides 55,000 square meters net office space within a building efficiency ratio of 87%. Up to 4,000 work spaces can be accommodated.
The building provides a planning flexibility that satisfies a variety of tenancy needs.
The site is flanked on its eastern boundary by the backs of buildings. The western boundary runs along noisy O'Connell Street and opens out to Parramatta Park and a bowling club. The northwestern corner of the site contains the Family Law Couts.
The Family Law Courts dictated the building alignments and placed restrictions of five stories on two zones of the site to assist in the scale relationship between the two buildings. A further constraint was the Parramatta City Council's requirement of a 60° cut of angle from the center of the surrounding roads. This dictated the height of the tower.
The brief called for 90% primary office space to be within 10 meters of natural light with intermittent use functions such as conference rooms, equipment rooms and stores being located outside this 10 meter limit.
Building A respects the existing urban character completing the street edge on the south boundary (Macquarie Street) with a five-story height limit determined by the 60° cut off angle from Macquarie Steet.
Building B runs parallel with Building A in an east/west direction taking advantage of the northern aspect. The height of this building at twenty stories was extended to the limits imposed by the 60° cut off angles from O'Connell and Macquarie Steets. The lift core is placed on the center of gravity of the complex.
Building C is an extension of Building A running along the eastern boundary with a setback of 4.5 meters to allow glazing of the east elevations.
The resulting space between Buildings A and B is a grand glass enclosed atrium that enhances the environment and provides the introductory interaction between the building at ground level.
The structural system for the building is a series of cast in situ concrete grid frames comprising reinforced concrete colums, on a 7.2 x 8.1 m grid. Reinforced concrete cores for the building services and stairs are incorporated into the strucutral system and assist in resisting wind load forces. The columns and cores are supported by piles founded on a hard shale strata approximately 12 meters below ground level.
The air conditioning system of the building has been designed to achieve maximum flexibility with low operating and maintenance costs. The system has a central chilled water and heating plant with air handling units located in a number of major plantrooms to serve the various spaces.
Each of the major facade orientations is provided with a separate air handling unit to enable maximum benefits to be achieved by temperature reset which will enable circulation rates to be maintained while reducing operating costs. The perimeter zones are provided with variable air valve terminals for small areas to maximize system flexibility.
The internal zones are also provided with separate air handling units. Each of the individual zones on the floors is provided with a fan terminal unit to ensure that air circulation is maintained when primary air is reduced in low load situations.
The whole of the plant is controlled by a direct digital control system to monitor and adjust system parameters as appropriate with load fluctuations to minimize operating costs and maintenance requirements.

Sezione longitudinale e pianta del piano terreno.

Longitudinal section and plan of the ground floor.

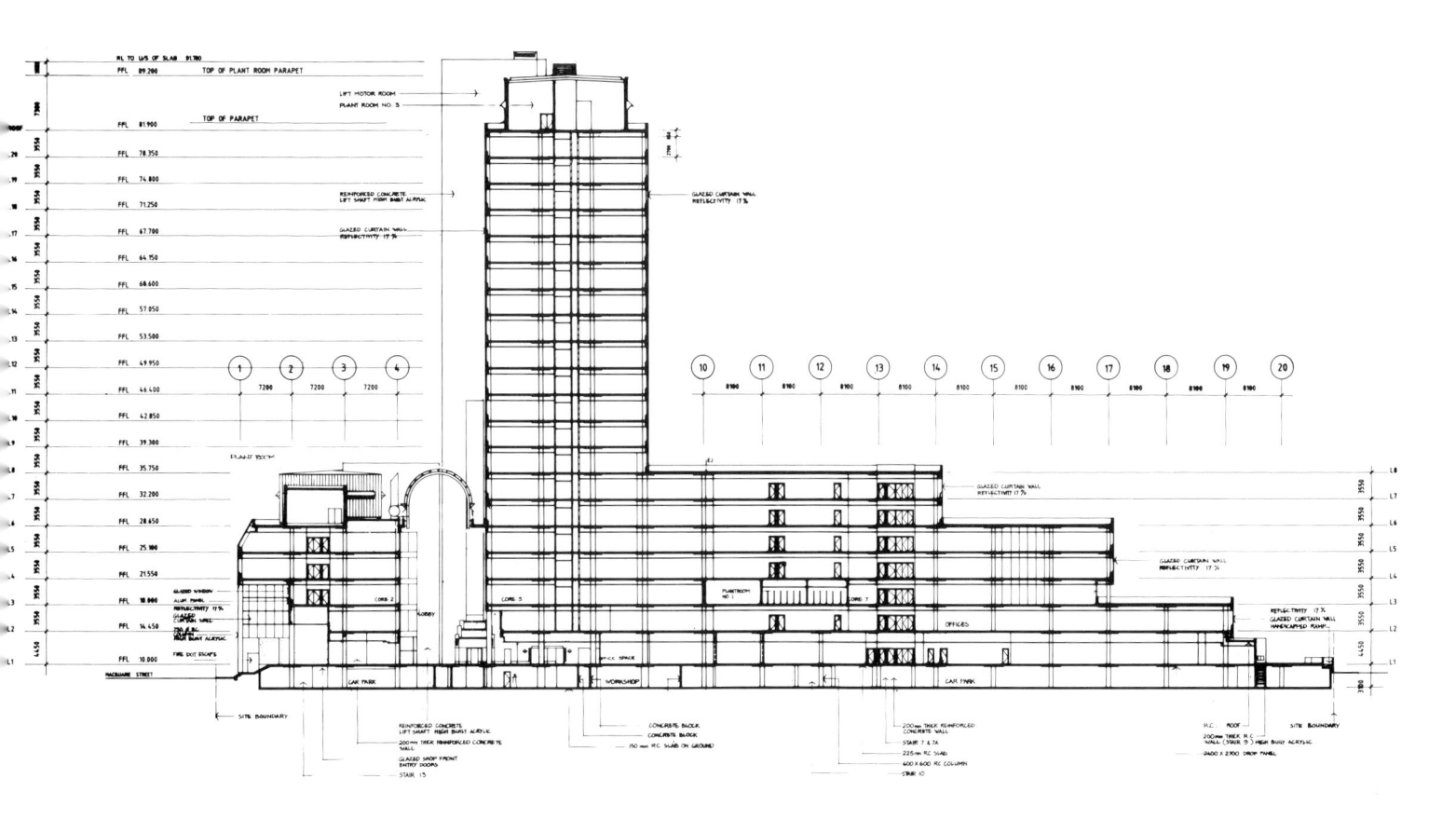

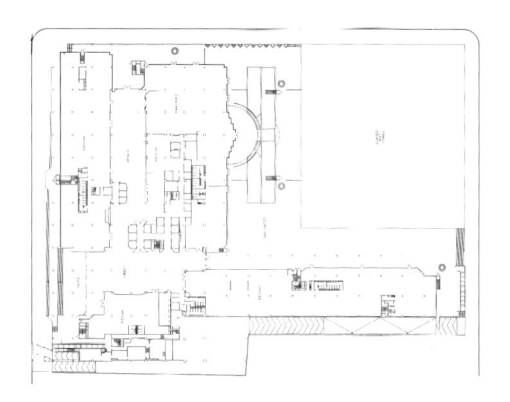

Veduta del complesso e particolare della testata della galleria.

View of the complex and detail of the head gallery

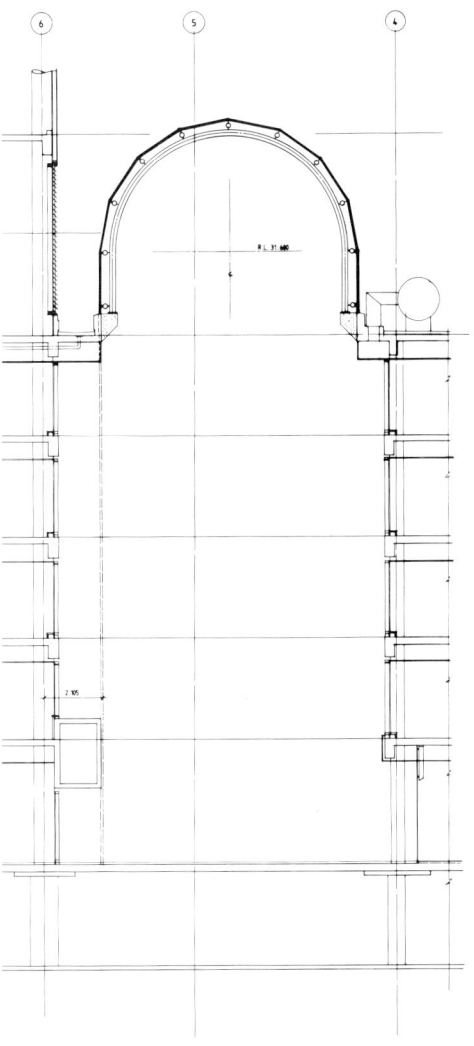

Interno e sezione della galleria.   *Interior and section of the gallery.*

Veduta del fronte dei campi da gioco. *View of the facade from the playing fields.*

Murphy/Jahn
Terminal 1 Complex, United Airlines

Il complesso del Terminal 1 per le United Airlines all'aeroporto internazionale di Chicago presenta 48 cancelli, 12 posizioni di parcheggio per linee aeree regolari 130.000 mq di grandi aree per i servizi operativi. Le due componenti primarie del progetto, il Concorse A/B e il Concorse C/D, sono costituite da due strutture lineari con una lunghezza di circa 500 metri ciascuna, a un intervallo di 244 m, che consente il rullaggio di due grossi aerei. Una cabina operativa per le linee aeree è alloggiata in un'ala annessa, adiacente al Concorse A/B.
La progettazione del Terminal 1 si basa su uno schema di corpi paralleli, scostandosi dalla precedente organizzazione dei corpi a Y che prevalevano nell'aeroporto.
I vantaggi funzionali sono evidenti. Vengono eliminati i punti morti, che esistevano con la configurazione a Y, il che riduce il tempo d'attesa degli aerei sull'area di stazionamento.
L'edificio del terminal comprende la biglietteria, e funziona nello stesso modo dei già esistenti terminal 2 e 3, ossia: la biglietteria per i viaggiatori in partenza si trova al livello superiore, il ritiro del bagaglio per i passeggeri in arrivo avviene al livello inferiore. L'ampia tettoia che si estende per tutta la lunghezza del terminal accompagna il passeggero dal marciapiede della carreggiata a uno dei sette vestiboli d'entrata che portano al padiglione della biglietteria. I lucernari nel tetto a campata libera del padiglione forniscono luce naturale, che illumina tutto il terminal e gli edifici annessi migliorando la qualità dell'interno. Ai mezzanini ai lati della biglietteria si trovano le salette riservate delle United Airlines e gli uffici.
Dal terminal si passa al Concorse A/B, parallelo al padiglione della biglietteria e con volta a botte. L'altezza di questo spazio è direttamente rapportata alle attività che vi si svolgono: è massima nel punto d'entrata dal terminal e diminuisce verso le due estremità, ritmando lo spazio lungo i 500 metri del percorso.
Il maggior volume di traffico si svolge nel Concorse C/D. Questa struttura è organizzata allo stesso modo del Concorse A/B. Uno spazio più profondo al centro dell'edificio accoglie le sale d'attesa per i voli del 747, chioschi con viveri e bibite e la saletta riservata della United Airlines.
Il collegamento sotterraneo fra i corpi lungo 240 metri ha un'importanza cruciale per il buon funzionamento del terminal. Il tempo di percorso nel tunnel è ridotto al minimo dai tapis roulants: le pareti e la copertura di vetro ondulato traslucido, sorretta da "alberi" di acciaio, sono illuminati da dietro con i colori dell'intero spettro.
Il rivestimento di tutti gli edifici del complesso prevede due sistemi di muri non portanti.
Il sistema a volta: pannelli compositi termoisolanti in alluminio rivestito in fluropon e unità vetrate previamente trattate al silicone, ancorate alla sottostruttura in arcarecci d'acciaio. Le unità vetrate sono trattate a fritta. Il vetro a fritta è un'innovazione tecnica che presenta considerevole trasparenza mentre riduce la penetrazione dei raggi solari: è un'efficace superficie interna riflettente per l'illuminazione indiretta di notte e una decorazione raffinata per larghe superfici negli edifici. I pannelli compositi in alluminio contengono una superficie interna fonoassorbente.
Il sistema delle sale d'attesa e del padiglione biglietteria: combinazione di pannelli compositi in alluminio, unità vetrate isolanti e trattate a fritta. Montanti fissi in tubo d'alluminio curvo sostengono strutturalmente il passaggio dalla parete verticale vetrata alla copertura orizzontale della sala attesa.

The Terminal 1 Complex for United Airlines at Chicago's O'Hare International Airport provides 48 gates, 12 commuter airline parking positions and 1,400,000 square feet of operating facilities. The two primary components of the project, Concourses A/B and C/D, form two linear structures with a length of approximately 1,600 feet each, and an 815 foot separation allowing dual taxiing of wide body aircraft. A commuter airline operation is housed in a related wing adjacent to the A/B Concourse. The planning of the Terminal 1 Complex is based upon the concept of parallel concourses, a departure from the former Y-shaped concourses prevalent at O'Hare. The functional advantage of the two linear concourses are significant. "Dead-ends," such as exist with the Y configuration, are eliminated, reducing aircraft waiting time on the apron.
The terminal portion of the project contains the ticketing pavilion adjacent to the departures roadway, and functions the same as existing Terminals 2 and 3, i.e., ticketing for departing passengers occurs at the upper level, baggage claim for arriving passengers occurs on the lower level.
The generous canopy extending the length of the terminal, delivers the passenger from the roadway sidewalk to one of seven entrance vestibules leading into the ticketing pavilion. The skylights in the free-span roof provide natural daylight, which is used extensively throughout the terminal and concourses to improve the quality of space and to take advantage of significant savings in energy costs. Mezzanines at either end of the ticketing pavilion contain United Airlines' Red Carpet Room and airline offices.
From the terminal the passenger is lead to Concourse C/D paralleling the ticketing pavilion. The structural steel framing of the vault is expressed and detailed to develop a sense of scale and rhythm. The height of this pedestrian concourse relates directly to the amount of activity it handles – highest at the point of entry from the terminal, then diminishing in height toward either end, providing spatial drama to break up the 1,600 foot length of this walkway. The bulk of transfer activity for the facility occurs at Concourse C/D. This structure is organized along the same lines as Concourse A/B. A deeper space occurs at the center of the concourse to accommodate the large 747 holdrooms, a food mall, and United's Red Carpet Room.
The 800-foot below-grade link between concourses is crucial to the success of the terminal complex. With moving walkways, travel time in the tunnel has been minimized. The undulating translucent glass walls and ceiling, supported on a matrix of steel "trees," is backlit with a palette of colors of the entire spectrum.
Two curtain wall systems are used as the enclosing system for the building:
Vault system: panelized system of insulated fluropon-coated aluminum sandwich panels and pre-silicone-glazed units anchored to the steel purlin substructure. Glazed units have a ceramic frit pattern fired directly to the inside surface of the inner light. The fritted glass is a technical innovation offering a transparency while reducing solar penetration, efficient interior reflective surface for indirect lighting at night and a refined pattern for large areas of building surfaces. Aluminum sandwich panels incorporate an acoustical inner surface.
Holdroom/pavilion system: Combination of aluminum sandwich panels, clear insulated, tinted-insulated, and clear-fritted glass units. Curved aluminum tube mullions structurally support the "rollback" transition from the glazed vertical wall to the horizontal roof of the holdroom.

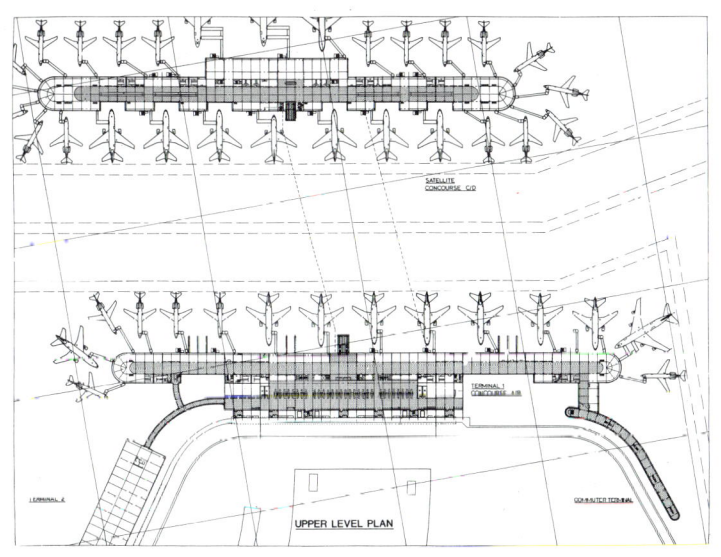

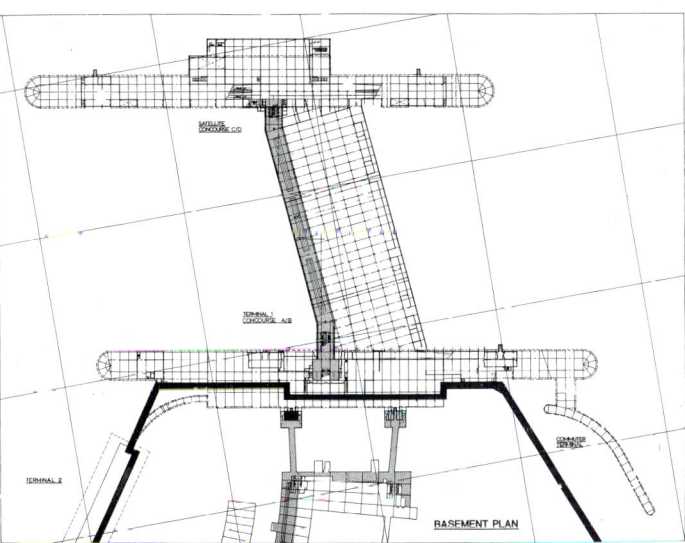

Veduta del terminal e piante al livello superiore e interrato. *View of the terminal and plans at the upper and underground levels.*

Sezioni e vedute del passaggio dal terminal al concorse A/B e della hall d'ingresso.

Sections and views of the passageway from the terminal to Concourse A/B and the entrace hall.

Vedute dei concorses.   *Views of the concourses.*

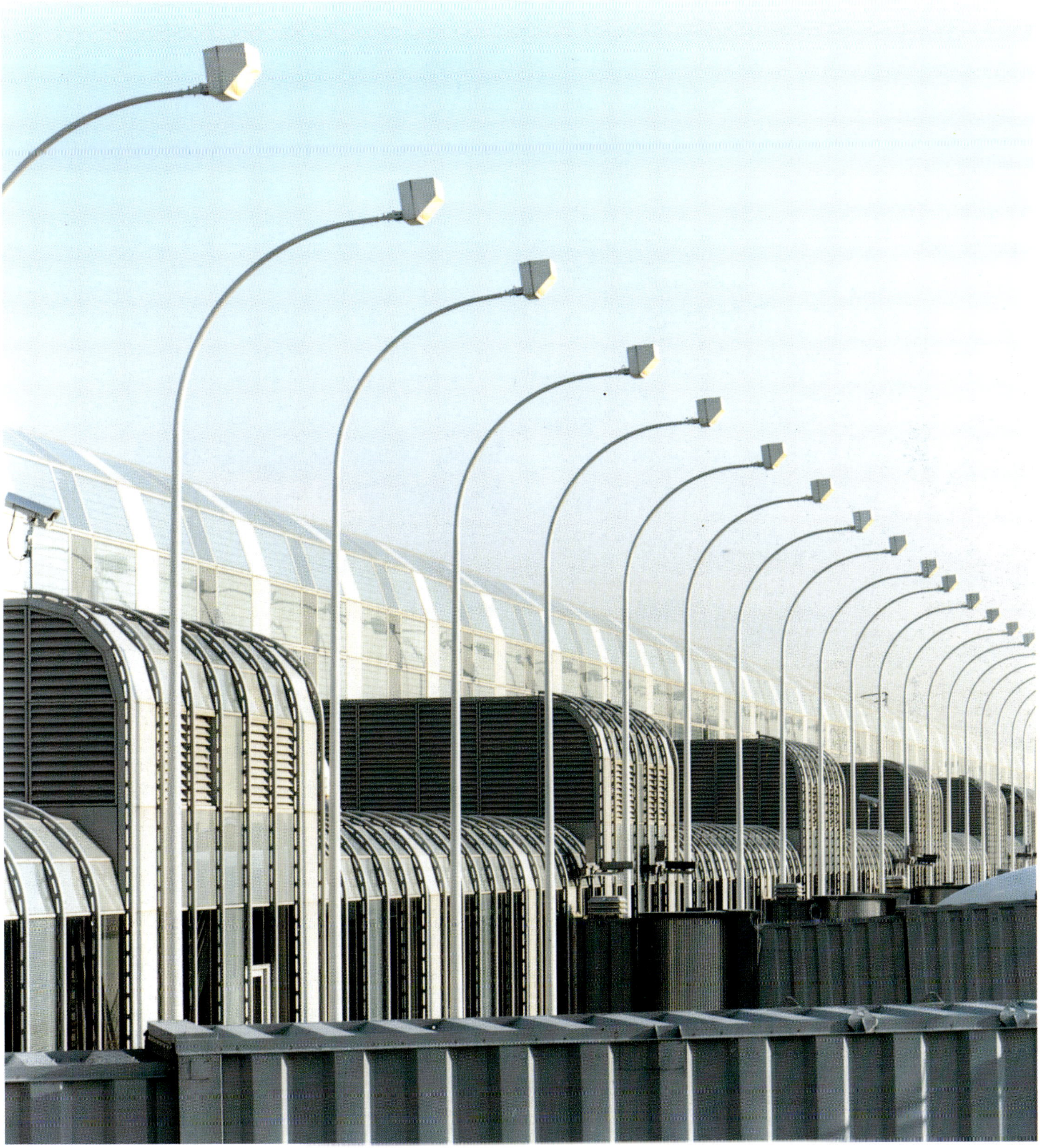

Interno della testata e particolare del fronte del terminal.

Interior of the head and detail of the exterior of the terminal.

Remo Nocchi, Egidio Di Rosa
Nuovo mercato coperto, Massa

L'edificio progettato nel 1972, successivamente modificato nel 1978 e di recente costruito, sorge in una zona denominata "Le ghiaie" nei pressi della linea ferroviaria Roma-Genova. Il lotto occupato dalla costruzione è in pendio con un dislivello, da monte verso valle, di 12 metri che, sfruttato per l'inserimento dei locali di servizio (parcheggi, magazzini, celle frigorifere, zone di carico scarico merci), consente ai progettisti di realizzare un organismo in cui le funzioni sono ben distinte senza sovrapporsi. Al piano terreno troviamo il grande spazio coperto per il contatto diretto con il pubblico; ai piani seminterrati o interrati, invece, gli spazi di gestione dell'intero mercato.
Il terreno in declivio è stato scavato per metà della sua estensione e il terreno di riporto è stato utilizzato per la realizzazione del piano terreno, sostenuto dal muro di contenimento del corpo servizi sotterraneo.
Una grande piastra centrale di maggior altezza comprende, al piano terra, gli spazi per le operazioni commerciali e quelli per l'esposizione e vendita della merce ortofrutticola e, ad una quota più bassa, il mercato del fiore, a doppia altezza, con affaccio dal piano superiore. Sui due lati della piastra trovano posto i corpi più bassi contenenti i box per gli operatori e sul terzo lato, connesso tramite passerella, l'edificio a due piani destinato ad uffici.
La necessità dell'utenza di avere disponibili percorsi liberi da ostacoli in tutte le direzioni ha portato a concepire una struttura di copertura con luci rilevanti. La copertura adottata fin dal progetto iniziale era una struttura reticolare spaziale; si poneva però il problema dell'elevato costo dei sistemi in uso e perciò in fase di progetto strutturale esecutivo si è dovuto ideare un nuovo tipo di sistema per strutture reticolari spaziali che, escludendo sofisticazioni meccaniche, permettesse con normale carpenteria di ottenere un prodotto a costo contenuto e di aspetto estetico gradevole. Le aste della struttura reticolare sono elementi tubolari con spessore variabile in relazione agli sforzi.
Il passo della struttura reticolare è di 5 x 5 metri e lo spessore è di circa 3,6 metri, tale cioè da avere aste diagonali della medesima lunghezza di 5 metri già prescelta per il grigliato inferiore e quello superiore.
Le aste sono dotate ad entrambe le estremità di piastre forate saldate al tubolare appositamente intagliato mediante cordoni d'angolo. Si è cercato di ridurre al minimo la tipologia delle piastre di estremità per limitare la varietà dei nodi. L'assemblaggio delle piastre di estremità ai tubi è avvenuto su dime fisse in modo da assicurare la perfetta identità geometrica e quindi l'intercambiabilità degli elementi di un determinato spessore.
I nodi dove confluiscono generalmente otto aste sono costituiti da doppi coprigiunti che si accoppiano con le piastre di estremità dei tubolari e da un perno centrale in acciaio di diametro adeguato ad assorbire gli effetti secondari di flessione.
L'adozione del collegamento a doppio coprigiunto mediante bulloni ad alta resistenza elimina gli effetti di disassamento e, dimezzando il numero dei bulloni, permette la formazione di un nodo più compatto ed economico.
La struttura reticolare spaziale poggia mediante elementi a cono rovesciato formati da quattro tubi inclinati, flangiati alle estremità, che vanno a confluire in asse alle colonne di acciaio.
Le quattro aste vengono raccolte inferiormente da capitelli di forma essenziale solidali alla parte superiore degli apparecchi di appoggio. Il calcolo della copertura è stato eseguito con l'ausilio di un elaboratore elettronico.

The first design for the building was drafted in 1972 and modified in 1978. It was recently completed. It stands in a district known as "Le Ghiaie," close to the Rome-Genoa railway line. The site slopes with a difference of 12 meters from one end to the other. This slope was exploited for the insertion of service premises (garage area, storehouses, cold stores, areas for loading and unloading goods): it enabled the architects to design a complex in which functions are kept clearly separate. On ground level there is a large roofed-in space for direct contact with the public and on the basement or semi-basement levels spaces for handling goods.
The sloping terrain was excavated over half the surface and the excavated earth was used for the surface level, supported by a sustaining wall containing the service block below ground level.
A large central deck set at ground level contains the spaces for commercial operations, sales and display of the fruit and vegetables, while on a lower split-level there is the flower market facing onto the upper floor. On the two sides of the deck are the lower blocks containing stands for the operators and on the third side, connected with a gangway, there is the two-story office building.
The need for roadways, free from obstacles, leading in a variety of directions underlay the choice of an open-bay structure.
The roofing adopted in the pilot study was a reticular space frame. This raised the problem of the high cost of the systems available and hence when the working plans were drafted a new type of system had to be invented which would exclude the use of sophisticated mechanisms and could be built using ordinary metalworking techniques at a low cost and with an attractive appearance. The struts of the grid system are tubular elements with thicknesses that vary in relation to the loads.
The span of the grid was 5 x 5 m, and the thickness was about 3.6 meters so that the diagonal struts could also measure 5 meters, like the ones chosen for the lower and upper grids.
The struts have perforated plates at either end soldered to the tubes by fillets. The forms of the end plates were made as uniform as possible so as to limit the range of different kinds of joints. The plates were attached to the tubes by means of fixed templates so as to ensure perfect standardization and hence the interchangeableness of all elements of the same thickness.
Joints where eight struts converge consist of double butt straps coupled with the plates at the end of the tubes and with a central steel pivot whose diameter is sufficient to absorb the secondary effects of flexion.
The use of double butt straps attached with high-resistance bolts eliminates the effects of off-centering forces and by halving the number of bolts permits the formation of a more compact and economical joint.
The space frame rests on inverted cones formed by four inclined tubes, flanged at the ends, which meet on an axis with the steel columns.
The four struts are set on narrow capitals integral with the upper sections of the supports. The calculations for the roofing was based on a computer program.

Scorcio dell'angolo con la zona di carico e scarico. Foreshortening at the corner with the loading and unloading zone.

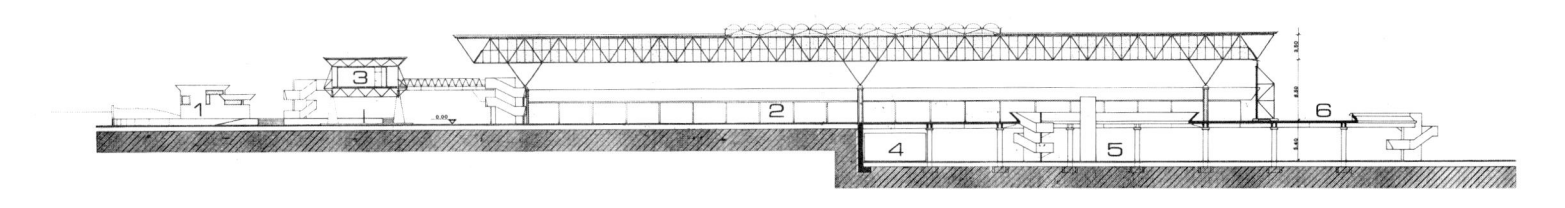

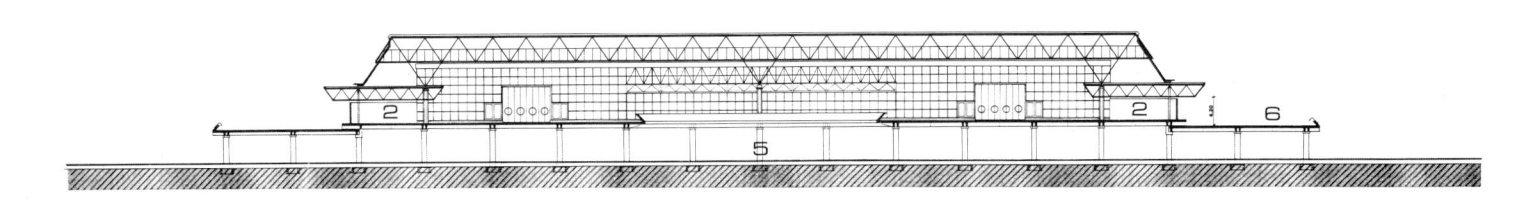

*Vedute dei fronti, sezioni longitudinali
e particolare di un ingresso.*

Views of the frames, longitudinal sections and detail of an entrance.

Pianta generale, vedute di un interno, dell'area di ingresso e del mercato ortofrutticolo.

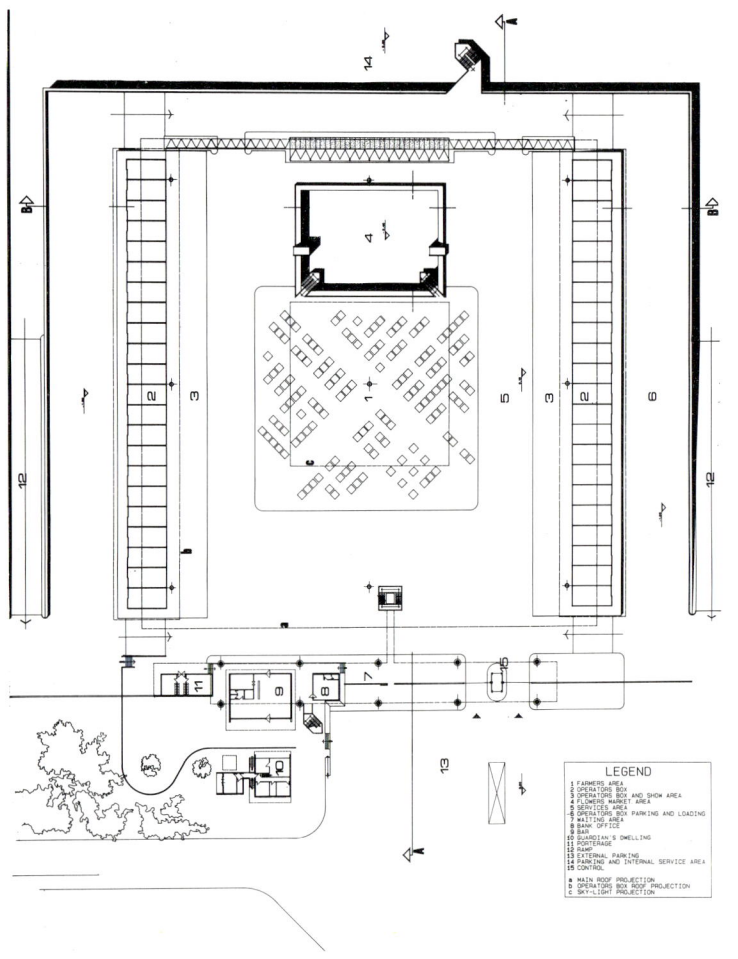

LEGEND
1 FARMERS AREA
2 OPERATORS BOX
3 OPERATORS BOX AND SHOW AREA
4 FLOWERS MARKET AREA
5 SERVICES AREA
6 OPERATORS BOX PARKING AND LOADING
7 WAITING AREA
8 BANK OFFICE
9 BAR
10 GUARDIAN'S DWELLING
11 PORTERAGE
12 RAMP
13 EXTERNAL PARKING
14 PARKING AND INTERNAL SERVICE AREA
15 CONTROL

A MAIN ROOF PROJECTION
B OPERATORS BOX ROOF PROJECTION
C SKY-LIGHT PROJECTION

General plan, view of an interior, of the entrance area and of the fruit and vegetable market.

Gennaro Picardi
RAC Rescue Control Centre

Il progetto fa parte di un piano mirante a creare una rete di centri d'accoglienza di tipo avanzato, funzionanti giorno e notte, che offrano soccorso agli automobilisti in difficoltà. L'impiego di alta tecnologia a vantaggio dell'automobilista per quanto riguarda la rapidità di intervento si combina con una efficiente e pronta assistenza. Negli edifici sarà installata una serie di attività organizzative: amministrazione, uffici, operazioni di ricezione e controllo 24 ore su 24.
L'edificio, collocato al centro di un'area nei pressi dell'autostrada, è concepito come un unico grande tetto inclinato a ombrello che copre quattro piani, compreso un piccolo mezzanino, con le attrezzature organizzate in un volume compatto di grande profondità. L'edificio risponde alla visione dinamica esercitata dall'autostrada e dal traffico, presentando un prospetto sfaccettato largamente vetrato che culmina con un'ampia sporgenza del tetto. I prospetti laterali inclinati e le principali componenti strutturali: travatura, pilastro e traverse, contribuiscono a identificare il carattere unico dell'edificio visto da lontano.
Di notte l'illuminazione crea un effetto drammatico, di modo che, come la luce di un faro, costituisce un punto di riferimento e conforto per gli automobilisti. Nell'interno l'impiego di divisori di vetro permette una visibilità lungo i piani; dalla reception la vista abbraccia l'intero edificio fino a livello del mezzanino, offrendo un'immediata comprensione dell'organizzazione spaziale e delle attività ivi esercitate.
L'edificio è articolato su una griglia strutturale che consente una suddivisione modulare per gli uffici.
Il tetto è costruito con una serie di travature inclinate in acciaio con sezione circolare vuota. Le travature, a loro volta, sono sorrette da pali gemelli d'acciaio e traverse che sostengono la trave e la campata centrale.
Per i muri esterni è stato scelto un sistema strutturale al silicio per le seguenti ragioni: per ottenere un aspetto splendente dei muri esterni, per la versatilità, per adeguarsi a un rapido programma di costruzione, per avere miglior garanzia di impermeabilità e per la sua proprietà autopulente.
Si sono impiegate ampie superfici di vetratura, soprattutto sul prospetto sudovest verso l'autostrada, per realizzare la massima connessione fra esterno e interno. I pannelli vetrati sono unità a vetro doppio, in cui tonalità e spessore garantiscono un'ottima termoresistenza e fonoassorbenza.

The project is part of a strategic plan to establish a network of advanced round the clock taking centers which offer direct assistance to stranded motorists.
The use of high technology is to the benefit of motorists, as speed of response combines with efficient and prompt assistance.
A cross section of organizational activity will be accommodated in the buildings: administration, offices, twenty-four hour taking and control operation.
The building is based on the idea of a large single sloping roof umbrella covering four layered stories including a small mezzanine, with the accommodation organized into a deep-plan compact volume.
The building responds to the dynamic pressure exerted by the motorway and the traffic presenting a largely glazed faceted elevation culminating with a roof overhang.
The sloping side elevations and the main structural components: truss, mast and tie contribute to identify the unique character of the building as perceived from a distance.
At night, the illumination of the structural masts and the lights in the building create a dramatic effect so that the building, like a beacon, acts as a point of reference and reassurance to the passing motorist.
Inside, the glazed walls permit views across the floors; from the reception room the view takes in the whole building up to mezzanine level, providing an immediate understanding of the space and activities.
The building is laid out on a structural grid enabling a subdivision to 1.8 meters as the basic office planning module.
The roof is constructed as a series of clear span, sloping steel roof trusses which are fabricated from circular hollow sections. The trusses are supported from twin steel masts and ties which assist the forward cantilever and the central span.
Larger areas of glazing are incorporated, particularly on the southwest elevation (motorway), to provide maximum interconnection between internal and external activity. The glazed panels are double glazing units where shade and thickness of glass have been selected to help control solar heat gain and noise from motorway respectively.

Veduta di un fronte laterale. *View of a side.*

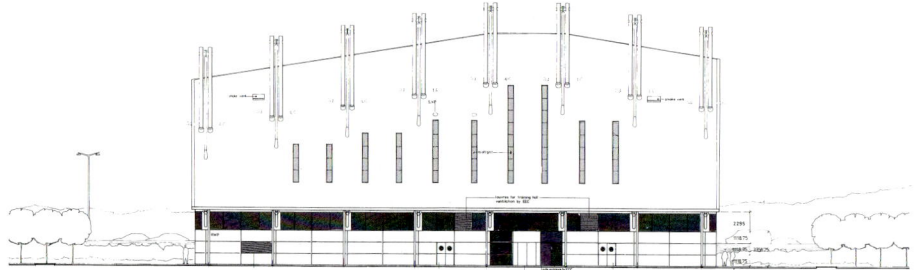

Il fronte d'ingresso verso l'autostrada. The entrance facing the motorway.

142

Veduta dell'interno e sezione trasversale.

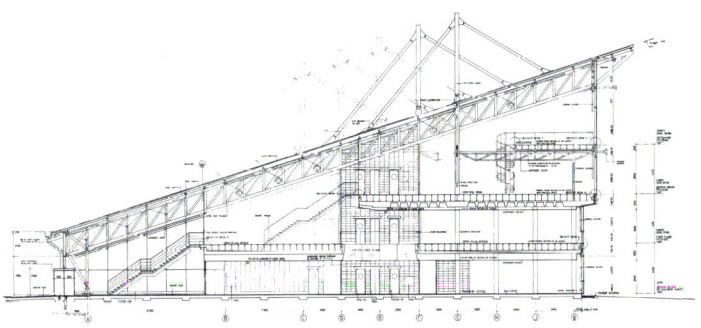

View of the interior and cross section

143

Dettagli della trave reticolare e della scala.

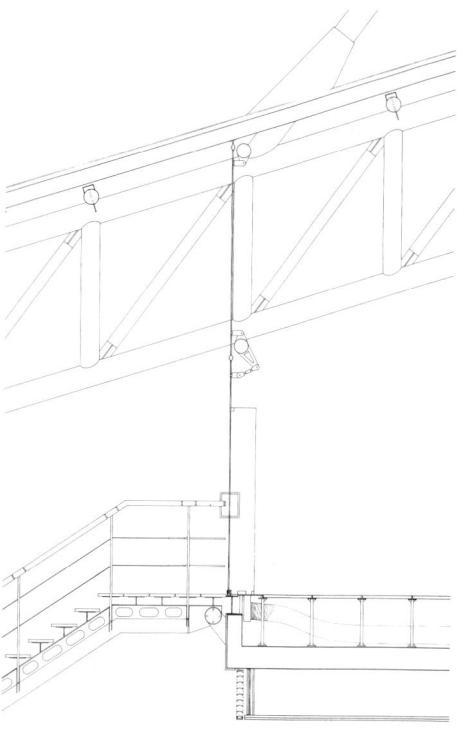

Details of the space frame columns and of the staircase.

Veduta e disegno dei pali gemelli in acciaio.

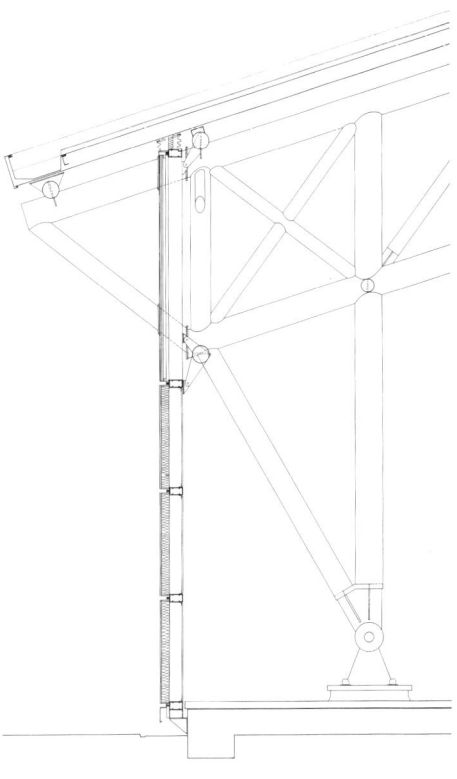

View and drawing of the twin steel columns.

Ran International Architects & Engineers
Toronto Skydome

L'intento architettonico che informava il progetto era quello di dare ai frequentatori dello stadio uno slancio e una carica di entusiasmo uniti al massimo comfort possibile. In questo caso è stata evitata l'adozione di un'architettura tecnologica come fine espressivo vero e proprio, come spesso è avvenuto per opere architettoniche recenti. Tanto la forma che la tecnica sono state usate creativamente come un mezzo per un fine, e non come fini in se stesse.

I posti a sedere sono sistemati in due gigantesche strutture che possono ruotare per consentire che lo stadio si trasformi rapidamente da campo di calcio, motocross ecc. in campo di baseball e spazio per concerti. I posti per gli spettatori sono il più vicino possibile al campo da gioco, o al palcoscenico, come accade nel teatro d'opera.

Lo stadio è fornito di un tendone Sky-Tent, che insieme ai posti a sedere mobili e telescopici forma una "sala audizioni" volumetricamente ridotta e con ottima acustica. Si è dedicata molta attenzione alla progettazione delle vie d'accesso e di uscita dallo stadio e a quelle interne verso le file di posti a sedere, per assicurare i massimi livelli di sicurezza e mobilità in ogni circostanza e per ogni emergenza.

La destinazione multi-uso dello stadio ha portato i progettisti alla conclusione che la forma dell'edificio doveva essere circolare, come anche la pianta della copertura che avrebbe incorporato sistemi a telescopio in modo da poter essere ritratta quasi completamente, lasciando in sostanza lo stadio all'aria aperta.

Venne così proposto un tetto a quattro pannelli che combinava il movimento circolare di una cupola esterna con quello lineare di due calotte paraboliche interne: si risolveva così il problema di realizzare uno stadio che, a tetto aperto, presentava il 91% dei posti a sedere nel settore all'aria aperta.

Il tetto è così formato da quattro pannelli: un quarto di volta fisso all'estremità nord dello stadio, un quarto di volta all'estremità opposta che ruota di 180 gradi su un sistema di guide circolari, e due calotte ad arco paraboliche che corrono linearmente su due sistemi di guide parallele. Questa combinazione veramente unica di movimento circolare e lineare dei vari pannelli del tetto consente di far rientrare i pannelli di un tetto circolare a volta, a un'estremità dello stadio, nel pannello fisso "quarto di volta" sistemato sotto gli altri tre pannelli.

The architectural intention of this project was to give the stadium's users a spiritual lift, a charge of environmental excitement in the most comfortable possible way when they used the stadium. The architectural expression of engineering as an expressive end in its own right, as has been the case with some recent architecture, has been avoided in this instance. Both architecture and engineering were used creatively as a means to an end, and not as ends in themselves.

The field seating is arranged in two very large structures which can rotate to permit the stadium to be quickly changed from the football/spectacle mode (motocross, etc.) to the baseball/concert mode. The architects sought a design for the stadium's seating layout which would bring all members of the audience as close as possible to the field of play or performance, as would be found in an opera house.

The stadium has a patented SkyTent, which, together with moveable and telescoping seating, can form an acoustically improved and visually volumetrically reduced "audience chamber" for concerts and court sports. Very close attention has been paid to the design of the means of access and egress from the stadium and its seating to ensure the highest levels of public safety and ease of movement under all emergencies and in all circumstances.

Consideration of the stadium's multiple-uses led the architects to the conclusions that the basic building form must be circular. This in turn gave rise to the requirement that the dome roof also be circular in plan. It had been previously concluded that the roof must incorporate telescoping principles, so that it can almost fully retract, leaving essentially an open-air stadium, but when retracted would remain over the building footprint and not be "parked" over an adjacent property.

In January of 1985, a four panel roof was proposed, which combined circular motion of an end quarter dome with linear motion of two interior parabolic shells. This proposal solved the problem resulting in a stadium with 91% of the seats in the open-air portion of the stadium with the roof open.

The retractable roof comprises four panels; one fixed "quarter dome" at the north end of the stadium, a "quarter dome" at the opposite end which rotates on a circular track system 180°, and two parabolic arch shells which run linearly on two parallel track systems. This unique combination of circular and linear motion of the various roof panels, allows for the telescoping of panels of a circular dome roof at one end of the stadium with the fixed "quarter dome" panel nested below the other three panels.

Veduta aerea dell'intervento.   Aerial view of the intervention.

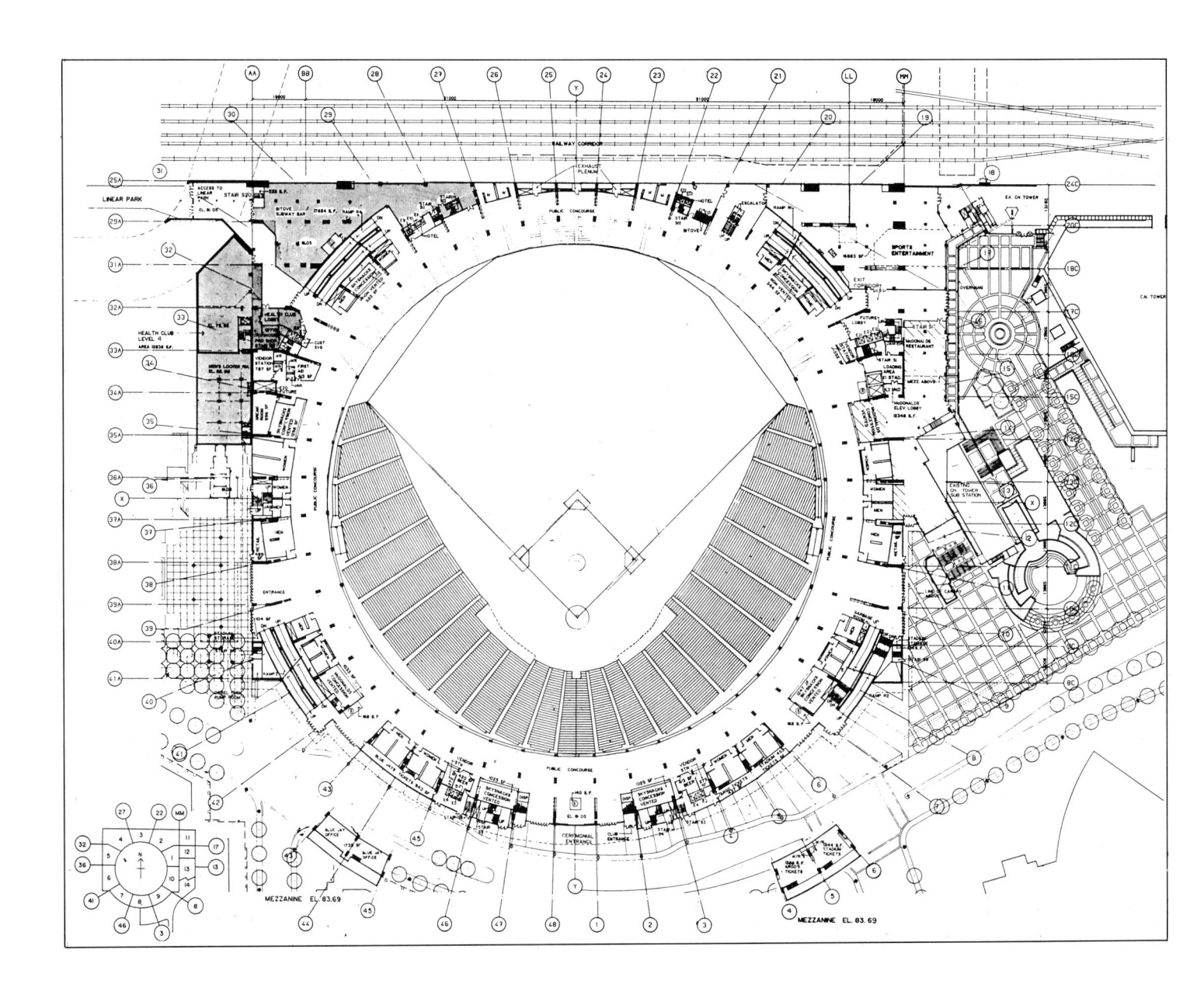

Pianta al livello del mezzanino e veduta del fronte sulla ferrovia.

Plan at the mezzanine level and view of the front facing the railway

Il campo scoperto e le quattro fasi di apertura della cupola.

The open field and the four phases of the opening of the dome.

Fronte del lato d'ingresso e scorcio.

Entrance front and foreshortening.

Fariburz Sabha
Bahá'i House of Worship, New Delhi, India

Nella progettazione del santuario di Bahá il loto, simbolo comune a tutte le religioni indiane, è stato introdotto in una maniera mai sperimentata precedentemente, in quanto il tempio stesso è costruito in tale forma. L'idea base del progetto è che i suoi due elementi fondamentali, la luce e l'acqua, sono utilizzati come decorazione al posto delle migliaia di statue e bassorilievi che ornano altri templi. La struttura è composta di tre ranghi di nove petali ciascuno, che sorgono da un basamento il quale eleva l'edificio sopra la pianura circostante. I primi due ranghi si curvano in dentro e abbracciano la volta interna, mentre il terzo si curva verso l'esterno a formare tettoie che riparano le nove entrate.
I petali costruiti in cemento armato sono rivestiti da pannelli in marmo bianco, così come tutti i pavimenti interni, mentre l'interno dei petali è in calcestruzzo martellato a bocciarda.
La copertura a volta a doppia calotta, modellata sulla parte interna del loto, è formata da 54 costoloni di calcestruzzo. La sala centrale è circondata da nove archi che costituiscono il supporto principale della copertura.
L'intera soprastruttura è progettata con una serie di lucernari vetrati all'apice dei petali interni, sotto i petali esterni e sul lato esterno dei petali d'entrata. Così la luce filtra nella sala centrale allo stesso modo in cui passa attraverso il fiore di loto.
Nove laghetti che riflettono la luce circondano l'edificio, e la loro forma suggerisce nuovamente le foglie del loto. L'illuminazione esterna è organizzata in modo che l'edificio sembra galleggiare sull'acqua. La ventilazione e il raffreddamento dell'aria sono basate sulle tecniche indiane tradizionali, in cui l'edificio stesso funziona come camino. L'aria, rinfrescata passando su fontane e laghetti, è aspirata attraverso le aperture del basamento nella sala centrale ed è poi espulsa da un'apertura a sfiatatoio alla sommità della struttura. Durante la stagione umida un impianto di pale di efflusso ricicla l'aria dalla sala centrale nel basamento per immetterla nuovamente nella sala.
Il compito di tradurre la geometria del disegno, senza linee rette, nella struttura presentava particolari difficoltà soprattutto nella progettazione e costruzione delle casseforme. Non solo era difficile l'allineamento per riprodurre con precisione le complesse superfici a curva doppia e le loro intersezioni, ma la stretta vicinanza dei petali riduceva fortemente lo spazio di intervento. Tuttavia la costruzione fu realizzata interamente con manodopera locale e con l'impiego di tecniche tradizionali.
È stato scelto il cemento armato gettato in opera come metodo di costruzione poiché avrebbe dato il miglior risultato con bassi costi. Tutta l'armatura in acciaio per le calotte è stata galvanizzata per evitare macchie di ruggine sul cemento bianco, dato il clima prevalentemente umido. Prima di assemblare l'impalcatura temporanea per le calotte del tetto, si è provveduto a costruire una serie di modelli in grandezza naturale, per controllare la praticabilità dei metodi di costruzione proposti e la possibilità di saldare la complessa armatura.
Marmo del Pentelico, cavato in Grecia e tagliato nelle dimensioni e forme geometriche richieste a Chiampo, in Italia, fu spedito per mare in India e fissato nella sua esatta posizione come pezzi di un gigantesco gioco di pazienza.
Dopo un periodo di costruzione di quasi sette anni, 9000 persone di 149 paesi diversi parteciparono alla suggestiva cerimonia di inaugurazione dell'edificio, che ebbe luogo il 24 dicembre 1986.

The lotus symbol, enters Indian art of all ages and religions as a conspicuous decorative element. In the design of the Bahá'í House of Worship, the lotus symbol has been used in a manner never previously attempted, in that the temple itself is shaped like a lotus. The basic idea of the design is that its two fundamental elements, light and water, have been used as ornamentation in place of the thousands of statues and carvings to be found in other temples. The structure is composed of three ranks of nine petals each, springing from a podium which elevates the building above the surrounding plain. The first two ranks curve inward, embracing the inner dome, while the third layer curves outward to form canopies over the nine entrances.
The reinforced white concrete petals are clad in white marble panels, while the insides of the petals are bush-hammered concrete.
The double-layered interior dome, modeled on the innermost portion of the lotus, is comprised of 54 ribs with concrete shells between. The central hall is ringed by nine arches, which provide the main support for the superstructure.
The entire superstructure is designed to function as a series of skylights with glazing at the apex of the inner petals, underneath the outer petals and on the external side of the entrance petals. Light is thus filtered into the central hall in the same way that it passes through the lotus flower.
Nine reflecting pools surround the building, their form suggesting the leaves of the lotus. External illumination is arranged so that the lotus structure appears to float on water.
Ventilation and cooling are based on traditional Indian techniques, whereby the building itself functions as a chimney. Fresh air, cooled as it passes over the fountains and pools, is drawn in through openings in the basement, up into the central hall, and expelled through a vent at the top of the structure. During the humid season a set of exhaust fans in the basement recycles air from the main hall into the cool basement and back.
Translating the geometry of the design, in which there are virtually no straight lines, into the actual structure presented particular challenges in the design and erection of the formwork. Not only was it difficult to align, so as to produce accurately the complex double-curved surfaces and their intersections, but the closeness of the petals severely restricted work space. Nevertheless, the task was carried out entirely by local laborers using traditional techniques.
Poured in situ reinforced concrete was selected as the most elegant and cost effective method of construction. All of the steel reinforcement for the shells was galvanized to avoid rust stains on the white concrete in the prevailing humid conditions.
Before assembling the temporary works for the roof shells, a number of full-scale mock-ups were constructed to check the feasibility of the proposed methods of construction, geometric forms and the practicality of fixing the complex reinforcement.
Pentelikon marble from Greece, cut to size and geometry in Chiampo, Italy, was shipped to India and fixed to its exact location like pieces of a huge jigsaw puzzle with the help of carpenters.
After the construction period of six years and nine months, about 9,000 people from 149 countries took part in the colorful dedication ceremony of the building on 24 December 1986.

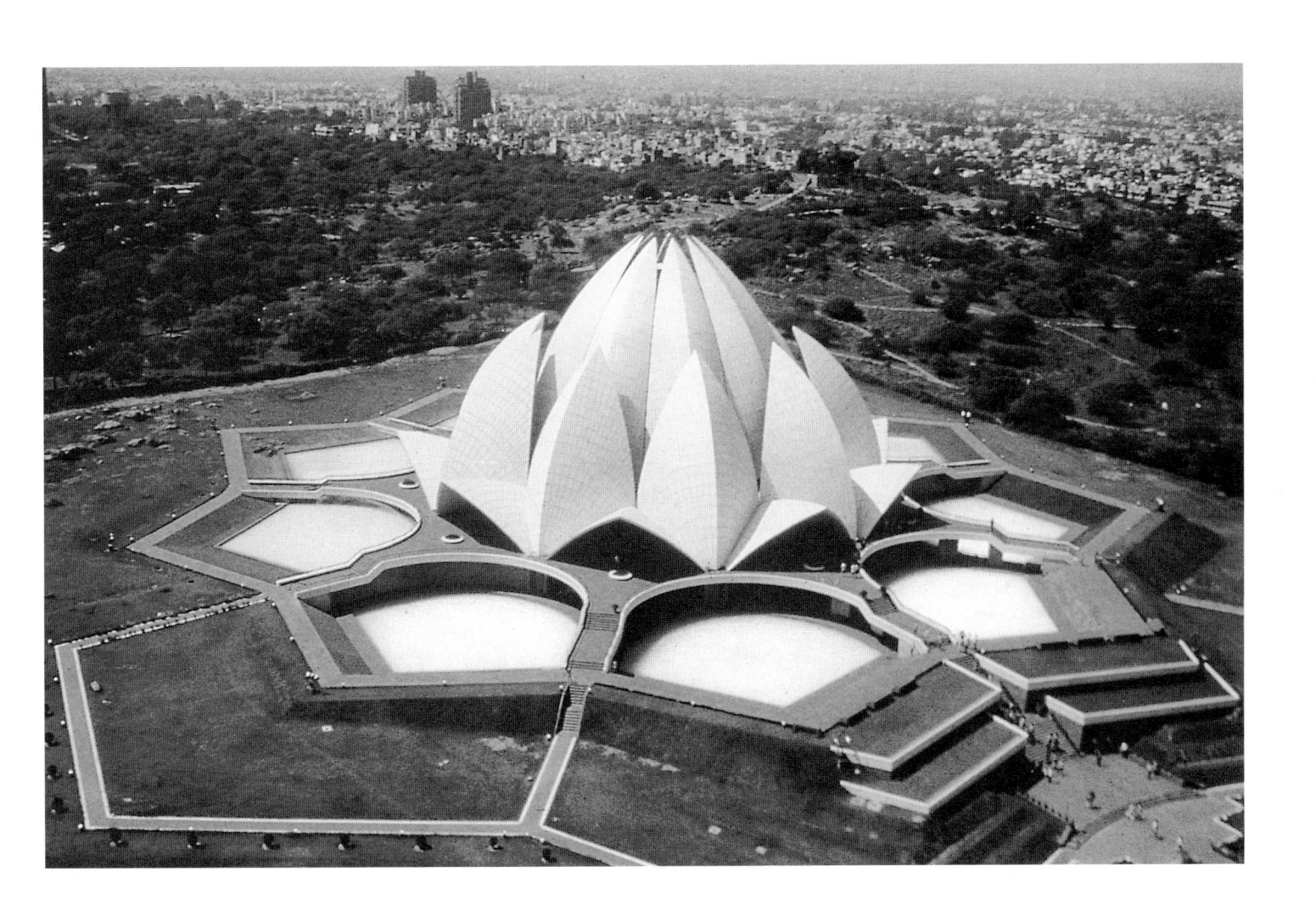

Veduta aerea dell'intervento.   *Aerial view of the intervention.*

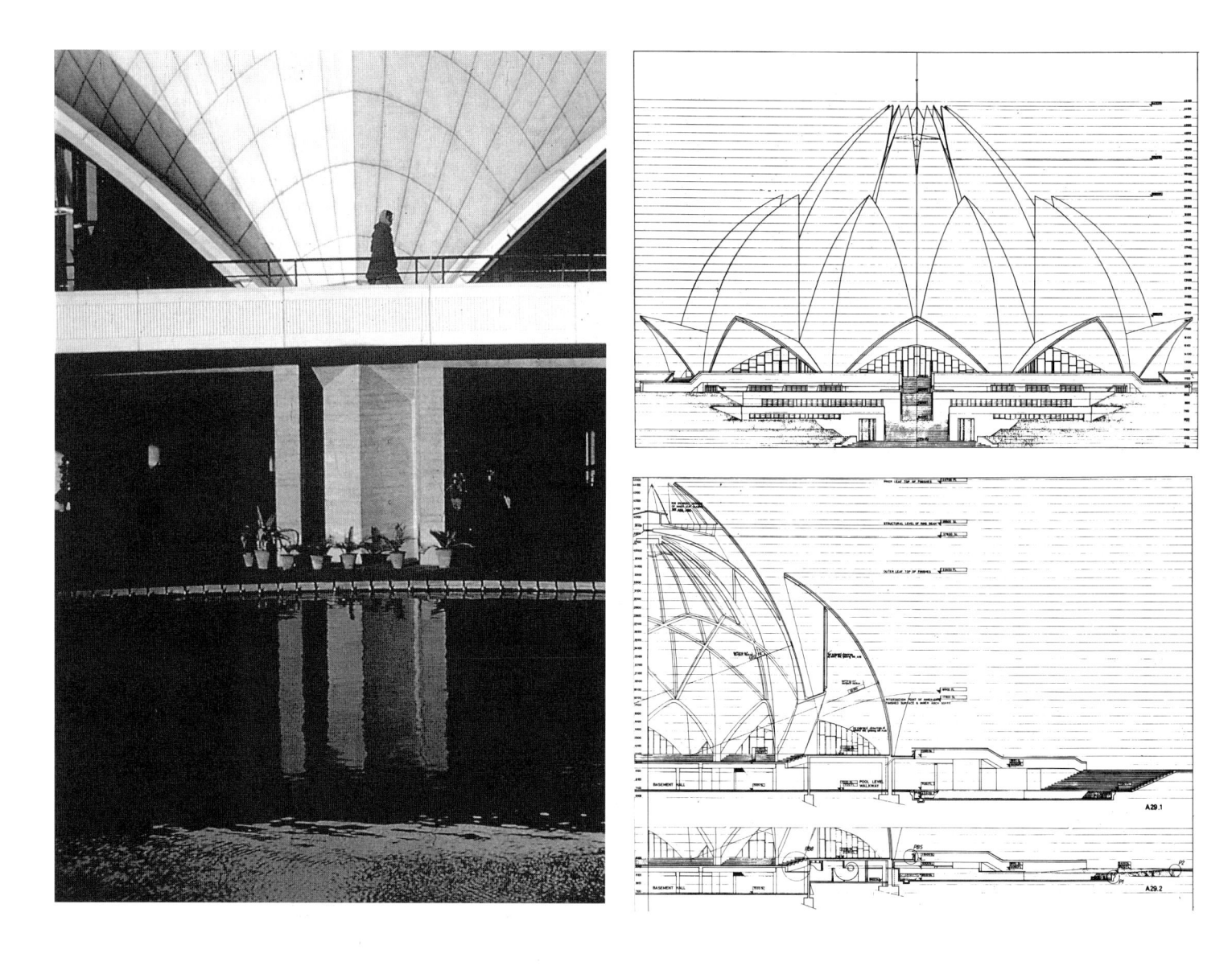

Particolare con il percorso intorno alle vasche, fronte d'ingresso, sezione e veduta esterna.

View with the interior walkway to the pools, entrance front, section and exterior view.

Particolari della grande sala interna, planimetria generale e veduta del viale d'accesso.

Details of the great interior hall, general plan and view of the entrance walkway.

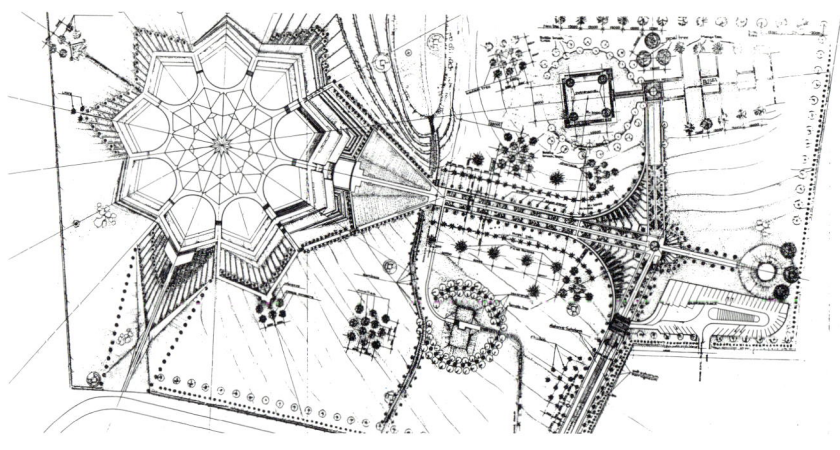

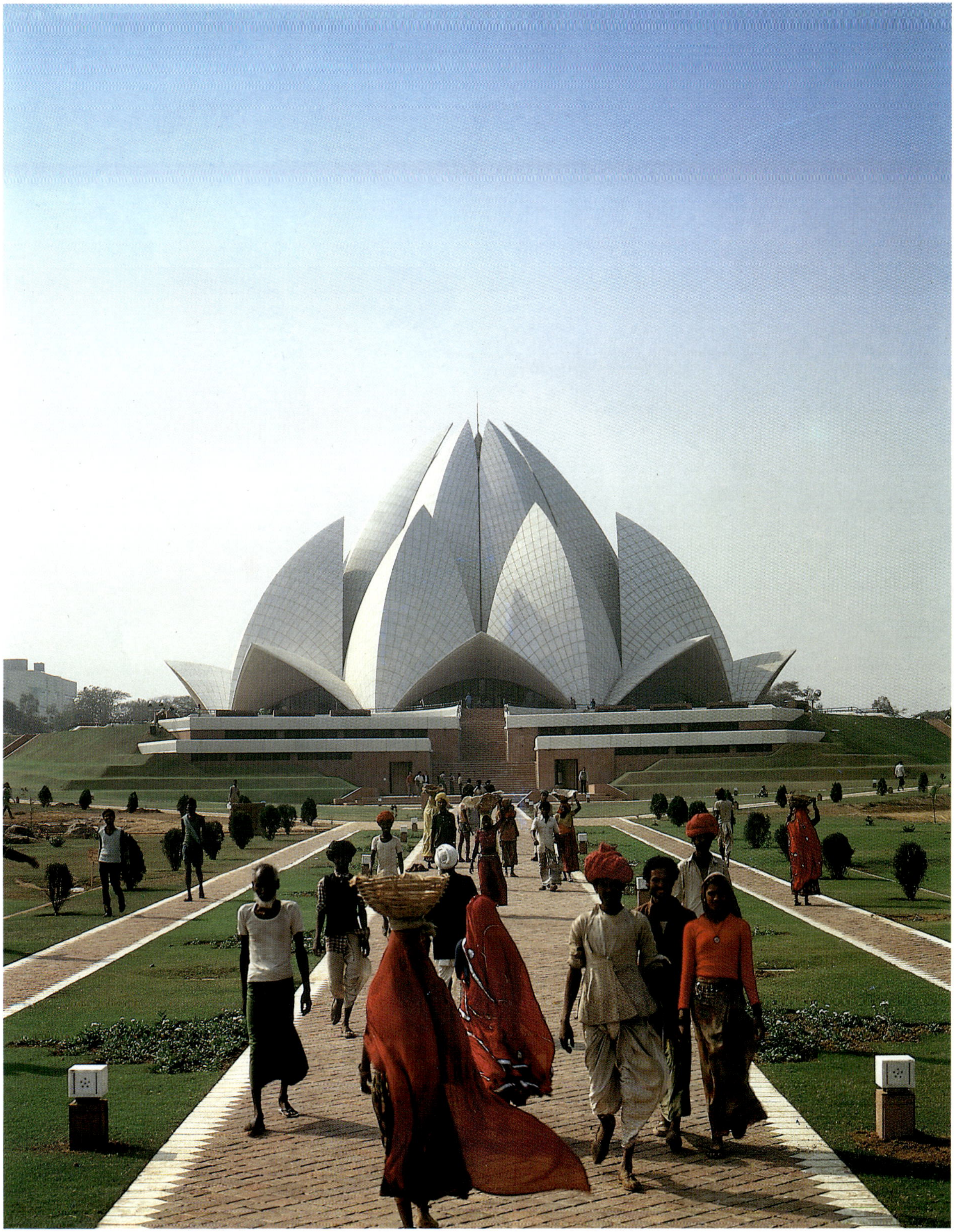

Hinrich Storch & Walter Ehlers
Tagungszentrum Messe, Hannover

L'idea originale era quella di collocare il nuovo centro congressi nel cuore verde dell'area della fiera e di dargli un aspetto di piacevole leggerezza. Creare un ambiente a misura d'uomo per le molteplici manifestazioni da tenere nella fiera, rendere la tecnologia accessibile alla gente, significa adattare la tecnologia alle esigenze umane. Significa aiutare a superare l'antitesi fra natura e tecnologia. Era un'idea veramente moderna, come rivelano molti recenti trattati sull'argomento. Da questa filosofia è scaturita l'idea di progettare l'area principale fra il viale orientale e quello centrale come una continua zona verde, percepibile da ogni punto, uno spazio verde esteso da nord a sud ottenibile ampliando il centro congressi e dando alla sala esposizioni e alla zona banche la forma di una collinetta verde (l'accesso alla zona banche è dato da un passaggio tagliato entro la collinetta artificiale). Inoltre, creando un collegamento diretto fra il foyer e le aree esterne su tutti i lati, collegamento ottenuto alzando le sale congressuali sopra il livello del suolo e realizzando una completa visibilità mediante l'eliminazione di ogni sorta di colonne e l'impiego, per quanto possibile, di ampie superfici ininterrotte di vetro.
Per evitare affollamenti e ingorghi, per facilitare l'orientamento dei visitatori e creare un'accoglienza ospitale è stato dato particolare rilievo alla progettazione dello spazio interno.
È stato stabilito un intimo rapporto fra esposizioni e conferenze creando aperture e collegamenti con le entrate principali del centro congressi; il foyer stesso è concepito come una grandiosa, accogliente cascata di scale, da cui le singole rampe e le scale mobili portano alle sale di conferenza. Non ci dovrebbe essere un senso di oppressione o di affollamento, ma un'impressione di allegra vivacità nella libera circolazione fra i piani. Vi si colgono vedute panoramiche da tutte le sale di riunione, con fugaci apparizioni del profilo urbano di Hannover.
Per quanto riguarda la costruzione sono stati impiegati una combinazione di edilizia tradizionale e prefabbricati che garantiva tempi ottimali.
Sfruttando tutte le conoscenze disponibili nel campo dell'ingegneria, si dovevano trovare semplici e plausibili soluzioni per tutte le situazioni tecniche, anche le più complesse. Questo significava affrontare direttamente tutti i problemi, evitare ogni complicazione non necessaria e un'eccessiva sofisticazione. Questo atteggiamento ha portato a un progetto che esprime la natura essenziale dell'edificio e delle sue varie parti, senza creare un'immagine monumentale mediante l'impiego di rivestimenti in materiali preziosi.
Il complesso del centro congressi con il centro stampa rappresenta il più vasto progetto di costruzioni fieristiche nella storia di Hannover.

Although the underlying idea was to set the new conference at the green heart of the fairs area and give it a playful, effortlessly floating quality. These constraints were: the intrinsic idea of the trade fair; clarity of spatial articulation; straightforward execution of technical furnishings; a short period of construction. Creating a responsive human environment for the many different events to be held here, making technology accessible to people, means adapting technology to human needs. It means helping to overcome the antithesis between nature and technology. It was a wholly modern idea, as many recent treatises on the subject reveal.
From this philosophy was derived the idea of: designing the main area between the eastern and central avenues as a continuous, green central zone that is perceptible at all times, a green space extending from north to south.
This was archieved by: stretching the conference center; shaping the exhibition hall and the banking concourse into a green concourse, into a green mound. (Access to the banking concourse is via a passageway cut into the artificial mound); creating a direct link between the foyer and the outdoor areas on all sides by raising the conference rooms above the ground, and by aiming for complete transparency — through the avoidance of columns and using, as far as possible, large undivided areas of glazing.
The avoidance of crowds and blockages; orientation for visitors; acting as host with a relaxed and confident presence, in order to reach visitors, and to provide them with information quickly and pertinently.
Establishing and intimate relationship between exhibitions and conferences by creating openings and links at the main entrances to the conference center.
The foyer itself was conceived as a grand, welcoming cascade of stairs, from which the individual staircases and the mechanical stairs lead off to the conference rooms. There should be no sense of confinement or crowding, but a feeling of life swirling up and down.
Panoramic views from all conference rooms with, in the distance, glimpses of the urban silhouette of Hanover. One gains a better view of things, begins to feel at home.
A combination of traditional building construction and prefabrication. Steel construction is fast but it requires a longer period of planning and preparation. Concrete construction is slower, but it is possible to begin at once.
Exploiting all available engineering knowledge, simple plausible solutions were to be for all technical situations, even the most complex ones. This meant addressing all problems directly, avoiding unnecessary complexity and oversophistication. This attitude leads to a design that gives direct expression to the essential nature of the building and its various parts, dispensing with the need to create an imposing image through the use of lavish cladding and the like.
The basic requirements of the brief are here fused together into a building, the form of which is both typical for and easily remembered in the context of its location and purpose. In this respect it is not so unlike a natural creature, behind whose outward appearance there always seems to be some shaping, creative hand and the influence of the particular circumstances of life. Perhaps the design therefore makes the impression that it not merely respects its surroundings, but indeed enhances them. Logically enough, the outcome is an informative building that communicates its own identity. Like limbs, its elements assume responsibility for their own particular functions and clearly announce this. Trunks and branches of a light steel framework sprout from the ground. From the appearance of these, and of the bridge-like trusses and tent-like arrangement of tie members it is not difficult to see what tasks they all perform.
The building speaks for itself. It is informative and reflects a certain aspect of the spirit of the age — the Zeitgeist; seemingly expressing a wish — according to the information it conveys — to continue to grow. Is this not also the elixir of life of a pluralist society of free people? The fact that the very purpose of an informational event — which a trade fair is — should culminate in the expression of such a building, seems only logical.
The conference center and press center in this complex represent the largest construction scheme in the history of the Hanover Trade Fair.

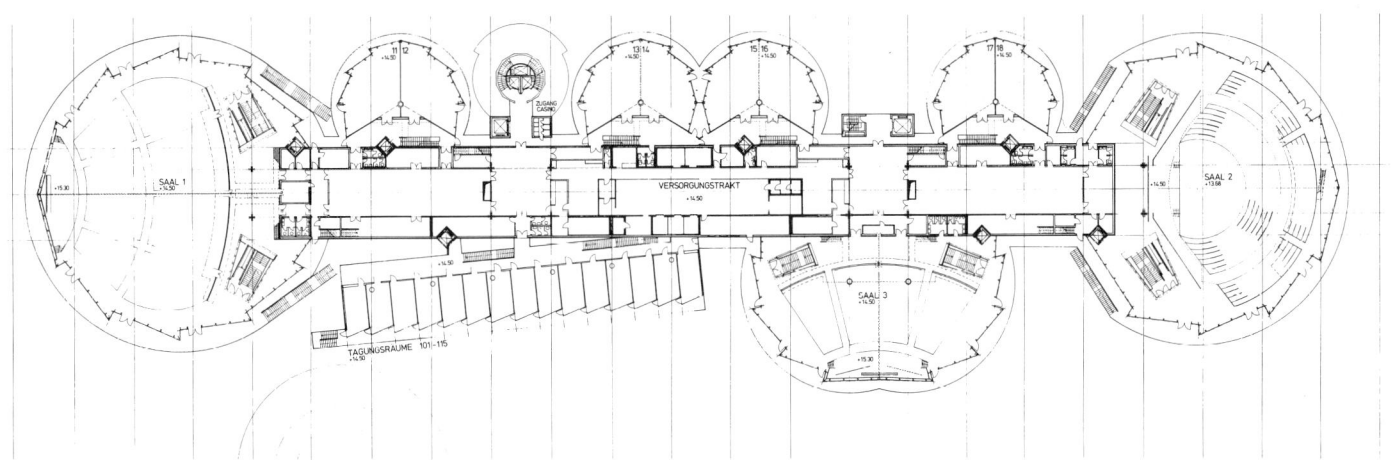

Veduta generale e pianta di un livello superiore. *General view and plan of the first floor.*

Veduta dell'esterno e dell'interno della grande sala congressuale e del lungo corridoio a doppia altezza.

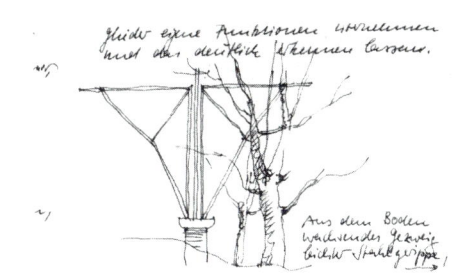

Views of the exterior and of the interior of the great convention hall and of the long corridor on two levels.

L'edificio inserito nel contesto, sezioni trasversali e longitudinale.

The building in its context, cross and longitudinal sections.

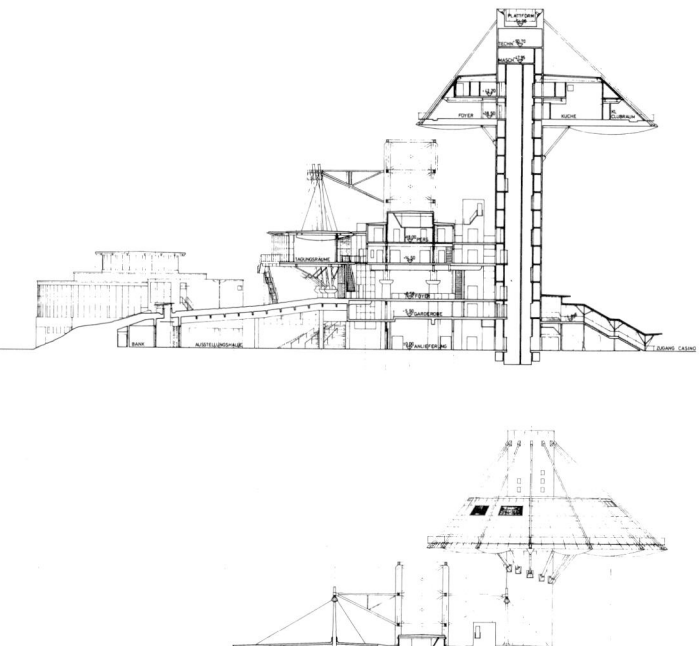

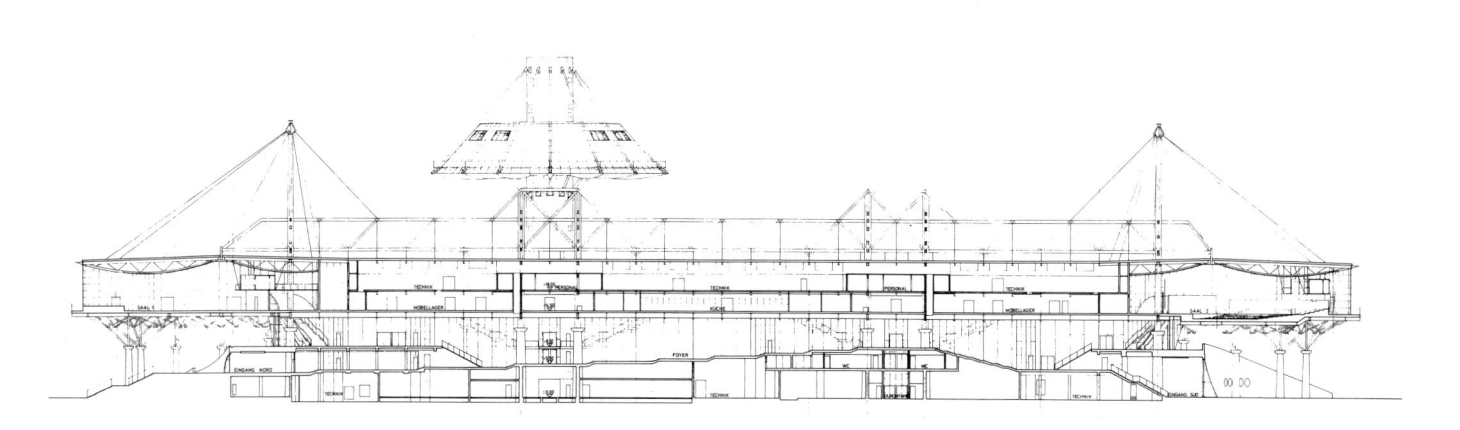

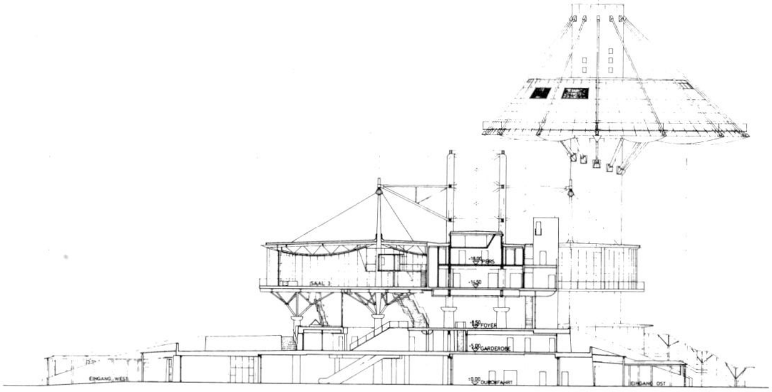

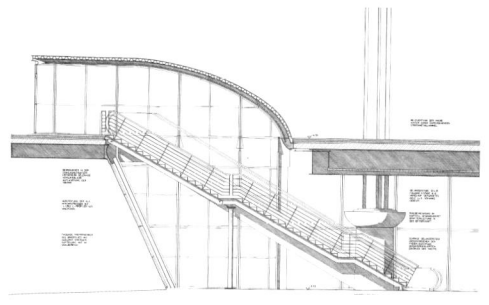

Veduta e disegno della scala d'accesso *View and drawing of the access stairway.*

TAO Architects
Shukoh Head Office

Dettaglio della copertura e pianta del basamento.

Detail of the roof and basement floor plan.

Nuova sede centrale della Shukoh Inc., che tratta progettazione e costruzione di interni di banche, il complesso è formato da due blocchi. L'uno, che si affaccia sulla strada, con pianta irregolare, ospita le compagnie associate, la foresteria, i servizi e un vano scale, principale spazio di circolazione.
L'altro, con pianta rettangolare, accoglie i magazzini, una fabbrica di modelli dimostrativi di mobili, uffici, laboratorio di progettazione, nonché la mensa del personale.
In questo progetto abbiamo sviluppato una serie di piccole tecnologie nell'uso nuovo di prodotti industriali prefabbricati esistenti sul mercato. Per rispondere alle esigenze di costruzione in tempi brevi e con costi bassi, era necessario esaminare la possibilità di impiego formale di materiali prodotti in serie a prezzi controllati mettendo in luce e utilizzando le caratteristiche nascoste dei materiali stessi. Per questo edificio sono stati usati i seguenti elementi:
Muri non portanti con persiane di ventilazione in vetro. Le persiane di ventilazione in vetro mobili consentono una confortevole ventilazione naturale anche quando piove e una più facile pulitura dei vetri.
Pannelli d'acciaio ondulati prefabbricati, perforati. Questa parete d'acciaio perforato presenta una leggerezza quasi di merletto, ben lontana dal suo carattere originale.
Muro non portante di vetro a specchio fisso, sostenuto da elementi d'acciaio estruso che produce un effetto visivo multidimensionale tanto all'esterno quanto all'interno.
Vetro retinato ondulato prefabbricato, connesso con giunzioni piatte e sorretto da tubi in acciaio, che costituisce un soffitto semitrasparente per l'ufficio e la mensa del personale.
Tre giganteschi schermi solari sono collocati sopra il tetto di vetro per ridurre l'accumulo di calore nel piano degli uffici durante l'estate.

Questo tipo di schermo solare fisso è anch'esso un prodotto prefabbricato, generalmente usato nelle pensiline per le auto.

The project required a new head office of Shukoh Inc., a company which designs and builds bank interiors.
The complex consists of two blocks. The first facing onto the street, irregular in plan, has space for related companies, guest rooms, services and a stairwell as the main circulation space.
The second has a rectangular plan with a storehouse, furniture prototype factory, offices, design workshop and staff dining.
In this project we developed a series of small technologies in the innovative use of prefabricated industrial products. Because of a limited construction schedule and a low budget, it was necessary to explore the esthetic possibilities of prefabricated, low-cost materials, drawing on the inherent qualities of the materials themselves.
The following elements were used in the building: Glass louver curtain wall. Movable glass louvers allow comfortable natural ventilation, even when it rains, and facilitate cleaning.
Prefabricated corrugated steel panels. This perforated steel wall has an almost lace-like lightness, far removed from the original characteristics of the material.
The mirror glass curtain wall, supported by prefabricated extruded steel beams, exercises a multi-dimensional visual effect both from the inside and the outside. Prefabricated corrugated wired glass, connected by flat seam joints and supported by steel pipes, become a semi-transparent, undulated ceiling for the offices and staff dining room.
Three giant parasols are located directly above the glass roof for reducing heat accumulation on the office floor during the summer. This parasol is also prefabricated.

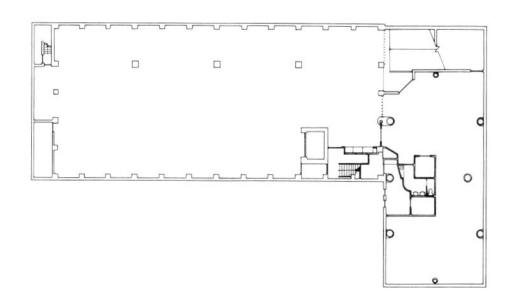

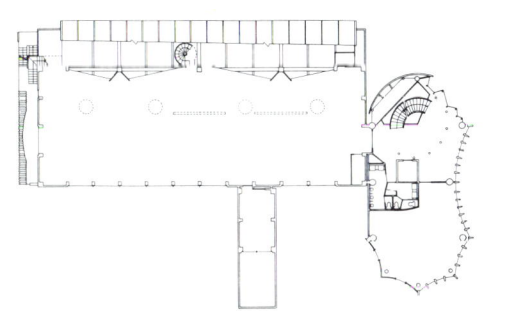

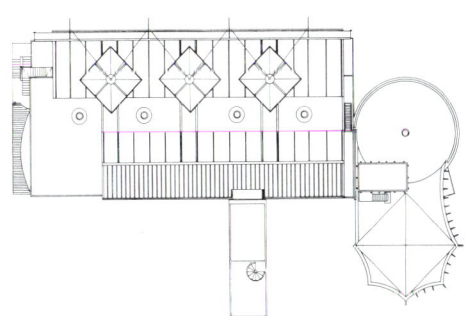

Veduta dell'ingresso e piante ai diversi livelli. *View of the entrance and plan at several levels.*

Scorcio del retro e particolari degli interni.

Foreshortening of the rear and details of the interiors.

La parete a specchio dell'edificio d'ingresso, fronte est e sezione.

Mirrored walls of the entrance building, eastern front and section.

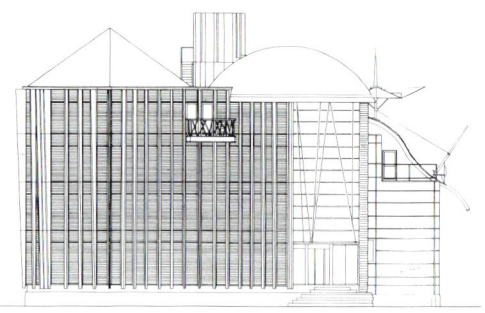

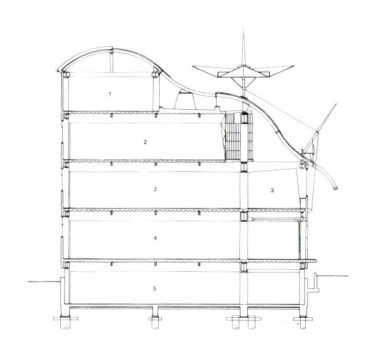

Veduta e disegno esecutivo della struttura del tetto in vetro.

View and working drawing of the glass roof structure.

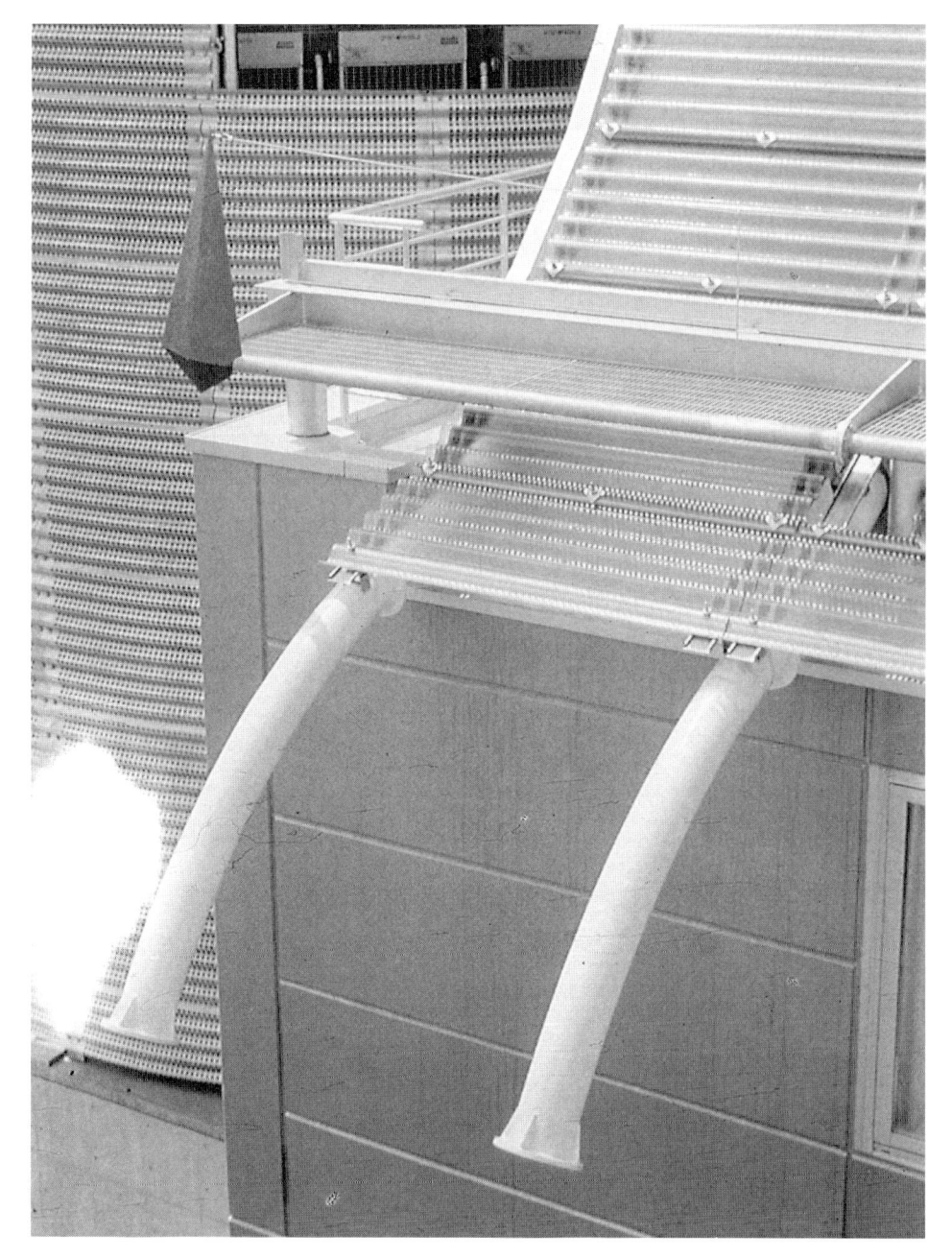

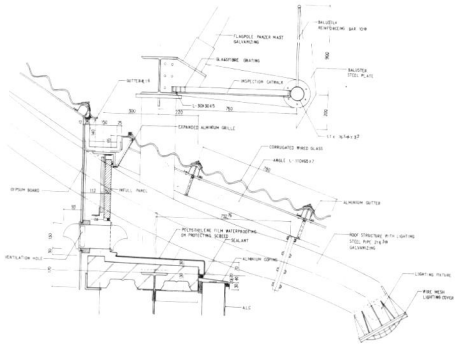

Peddle Thorp & Harvey
Central Plaza One

Il Central Plaza One è un singolare esempio di architettura contemporanea. Prezioso ornamento della città di Brisbane, esso riflette le ultime conquiste della tecnologia e dell'edilizia per offrire uno stimolante ambiente di lavoro ai suoi abitanti. Il progetto realizza una fusione di arte, tecnologia, tradizione e natura. Portato a termine nel giugno 1988, il Central Plaza One coi suoi 48 piani costituisce una prestigiosa zona uffici nel centro della città.
A livello del suolo la pianta dell'edificio è quadrata, con un angolo troncato. Questa sezione varia via via che l'edificio si alza passando dalla forma pentagonale a livello del suolo a quella ottagonale a livello della copertura. La sommità dell'edificio comprende una grande struttura in acciaio coperta da griglie di ventilazione in alluminio profilato che formano un tetto a spioventi, totalmente integrato nella forma dell'edificio. La forma a spioventi, benché comune nella costruzione di case private, è assolutamente insolita a Brisbane in edifici alti per uffici.
I sistemi di manutenzione convenzionali si sono dimostrati inadeguati per il Central Plaza One, anzitutto per la complessità dell'apparato necessario per traversare le falde sul tetto, e in secondo luogo perché è impossibile accedere a quelle sezioni del muro non portante che sporgono oltre i troncamenti, che arrivano fino al venticinquesimo livello. La soluzione scelta, innovativa non meno che creativa, ha dimostrato la massima efficienza ed è stata applicata con pieno successo.
La sommità del tetto è costituita dal lungo braccio di una gru a sezione triangolare della lunghezza di 44,16 metri e dell'altezza di 3,27 metri. La torre di supporto per il braccio è collocata sul centro geometrico dell'edificio, al disopra della copertura del vano degli ascensori. Questo braccio principale sorregge e contiene una piattaforma macchine e un braccio telescopico più piccolo.

Quest'ultimo, che corre su guide, sostiene con una testa rotante la gabbia di manutenzione dell'edificio. Il grande braccio porta pannelli di vetro alle due estremità triangolari ed è ricoperto sui lati da griglie di ventilazione simili a quelle degli spioventi del tetto, in modo che quando è in posizione di sosta si integra completamente nella struttura della copertura costituendone l'apice.
A causa della limitata portata delle gru di sollevamento, il braccio principale e la torre di supporto sono stati posizionati per parti, e saldati in situ. Tutte le saldature sono state controllate e verificate con ultrasuoni.
L'unità di manutenzione dell'edificio è controllata da un operatore collocato su una piattaforma interna alla torre di supporto. L'operatore è in servizio per tutto il periodo in cui è attivata l'unità di manutenzione. L'attrezzatura di controllo consta di un quadro di comando che comprende un computer, un videoschermo per videocamera a distanza, apparecchi che indicano la velocità del vento alla sommità dell'edificio, telefono, ricetrasmittente radio per le comunicazioni fra la gabbia e l'operatore, nonché una serie di dispositivi quali leve e bottoni che azionano i bracci del tetto e la gabbia, spostandoli in posizioni predeterminate intorno al perimetro dell'edificio. Un principio fondamentale del funzionamento è che il computer esegue soltanto le operazioni per cui è stato predisposto. L'impossibilità di procedere automaticamente ad altro compito finché l'operatore non si sia assicurato che il compito precedente è stato correttamente eseguito, e non abbia fornito le opportune istruzioni, riduce al minimo il rischio di danni da eventuali disfunzioni del computer.

Central Plaza One is a striking example of contemporary architecture. An outstanding asset to the city of Brisbane, it incorporates the latest developments in technology and construction to provide an exciting working environment for tenants. The design achieves a fusion of art, technology, tradition and nature. It was completed in June 1988.
At ground floor level the tower section of the building has a square plan form with one corner truncated. This plan varies as the building rises, virtually changing plan shape from a five sided structure at ground floor to an eight sided structure at roof level.
The top of the building comprises a large steel framed structure enclosed by profiled aluminum louvres. This structure forms a pitched roof shape which is totally integrated as part of the building's form. The pitched roof shape although common in domestic construction is unique in high rise commercial buildings in Brisbane.
Conventional building maintenance units which follow the perimeter of the roof were found to be inadequate for Central Plaza One, firstly because of the complexity of the apparatus needed to traverse the slopes on the roof and secondly because it is impossible to access those sections of the curtain wall which projected beyond the wall truncations. The resultant solution was both innovative and imaginative and has proven to be most efficient and successful in its application.
The top of the roof is formed by a triangular cross sectioned crane jib. The support tower for the jib is located directly over the geometrical center of the building above the roof of the high rise lift motor room. The main jib supports a machine platform and a smaller telescopic jib running on rails of a specified gauge inside the main jib. The smaller telescopic jib supports the building maintenance cage from a rotating head at its outermost extremity.
The main jib forms part of the building structure and carries glazed panels at each end and vertical aluminum roof louvre blades so that when in the park position it is totally integrated visually within the main roof structure. The jib truss members, which lay in the roof plane, line with the steel roof beams below so that the joints in the louvre panels match those on the remainder of the roof.
Because of the limited cranage available the main jib and support tower were lifted into position in sections and site welded. All welds were sampled and tested ultrasonically.
The building maintenance unit is controlled by an operator located on a platform within the central support tower. The operator must be in attendance for the full period that the building maintenance unit is being used. Control equipment consists of a console in which is housed a computer, video screen for remote video camera, gauges indicating wind speed at the top of the building, telephone, radio communication equipment for cage to operator contact and various controls such as levers and buttons for moving the roof jibs and cage into predetermined locations around the building's perimeter. A fundamental principle of operation is that the computer will only perform the task that it is instructed to do. It will not automatically proceed to another task until the operator has checked to ensure that the preceding task has been completed satisfactorily and has instructed it accordingly. This is a safety precaution to minimize damage to the building caused by computer malfunction.

Piante ai diversi livelli e disegno schematico dell'alzato.

Plans at several levels and schematic drawing of the elevation.

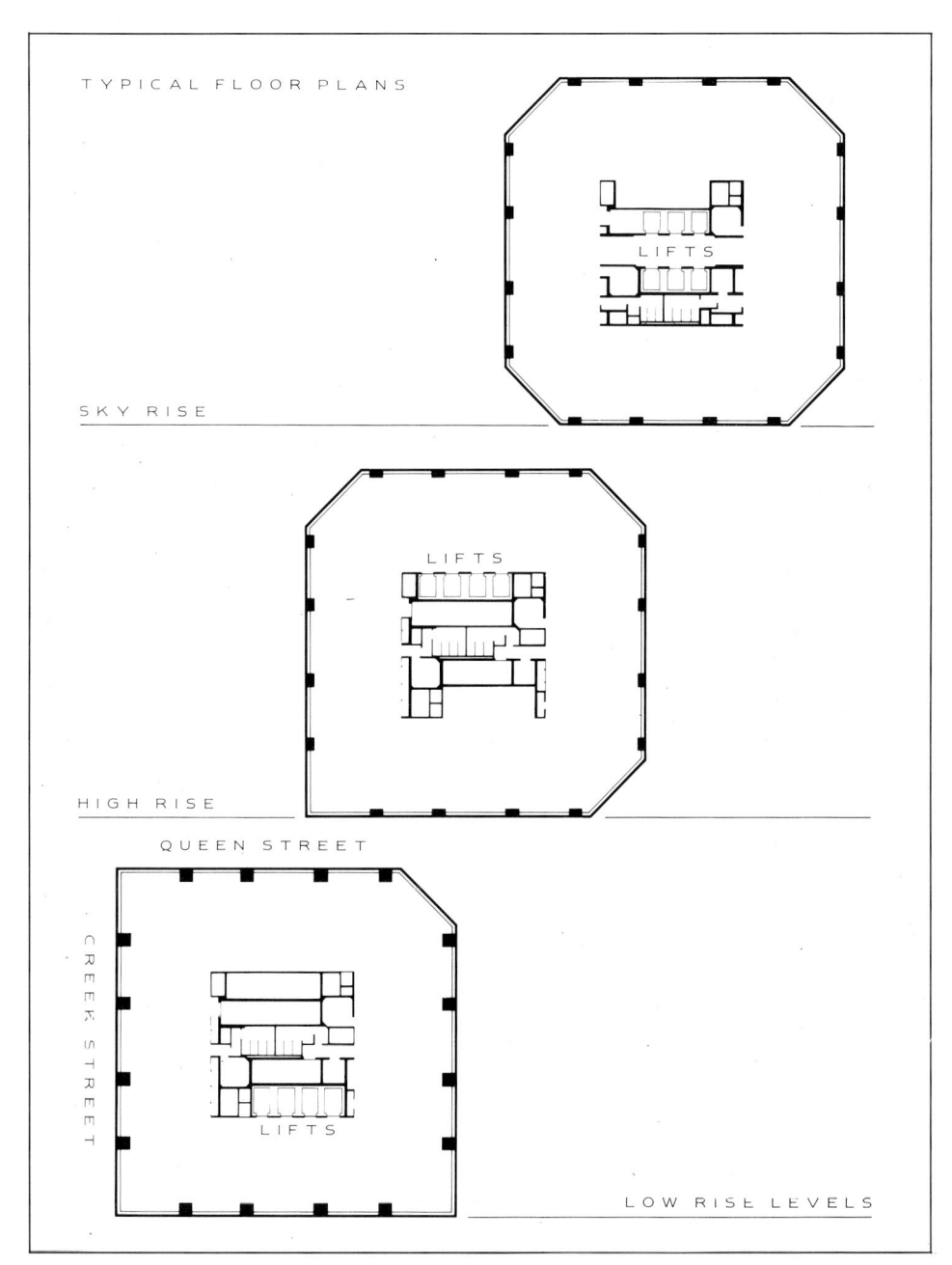

TYPICAL FLOOR PLANS

LIFTS

SKY RISE

LIFTS

HIGH RISE

QUEEN STREET

CREEK STREET

LIFTS

LOW RISE LEVELS

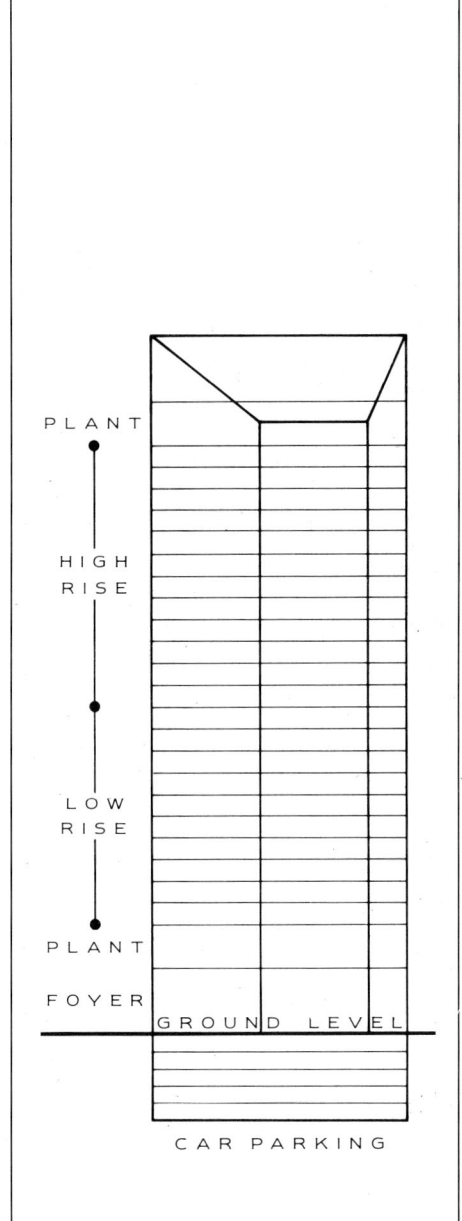

PLANT

HIGH RISE

LOW RISE

PLANT

FOYER

GROUND LEVEL

CAR PARKING

Veduta aerea con l'inserimento dell'edificio nel contesto.

Aerial view of the building inserted into its context.

Veduta del tetto con in opera il grande braccio della gru dell'apparato di manutenzione.

View of the roof with the main crane jib of the maintenance unit.

Veduta laterale della sommità del grattacielo e ingresso.

Side view of the top of the skyscraper and entrance.

Giovanni Trevisan, Plinio Danieli, Piero Giacomazzi
Centro polifunzionale Terragliouno, Borgo Pezzana

Il centro polifunzionale Terragliouno è costruito nella zona di attrezzature economiche di Mestre, in località Borgo Pezzana.
Il complesso è composto da un edificio lineare, articolato orizzontalmente su due piastre affiancate, alte due piani, che includono zone commerciali polifunzionali. L'architettura si evidenzia con forti volumi e decise porzioni di superfici riservate a portico, piazza, giardino, percorsi pedonali e carrabili. Verticalmente, una torre situata al centro del complesso raggruppa gli spazi di lavoro del direzionale, ricostruendo un vivace punto di incontro tra la componente tecnologico-costruttiva e quella urbana, dove l'architettura del fabbricato e la segnaletica vagamente "neoplastica" dei colori non entrano in conflitto con il contesto, seppure dialogando vivacemente in una stimolante interconnessione visiva.
L'area, completamente perimetrata da viabilità carrabile, che a sua volta è collegata alla viabilità principale urbana, riserva notevoli quantità di superficie a parcheggio, per un totale di 820 posti auto, tutti all'aperto, giacché le condizioni geomorfologiche peculiari non consentivano il loro collocamento nel sotterraneo.
Alla base dell'idea progettuale del complesso troviamo una originale interpretazione del costruire un organismo prefabbricato, in cui le tecniche e la cultura del design dilagano nel campo dell'architettura in modo da reintegrare fermamente l'insieme di quelle tecniche, che certamente formano una base ineliminabile del processo costruttivo di oggi, e quindi l'esercizio delle stesse sia a livello di ossatura strutturale che a livello delle parti di finitura e di dettaglio.
Non ci si è fatti l'illusione che una "grande concezione" complessiva potesse dominare e permeare automaticamente tutti gli aspetti del progetto e della sua realizzazione.
Si è trattato di mettere in atto un sistema che superasse la dicotomia, esistente al momento attuale, tra la parte delle componenti prefabbricate strutturali — valide sotto il profilo tecnico-economico ma altrettanto rigide e spoglie — e la parte di una svariata e sofisticata serie di componenti di finitura e di completamento.
L'esigenza reale era di fornire un fabbricato con elevata funzionalità strutturale, di costi contenuti, di rapida realizzazione e nello stesso tempo con un definito linguaggio architettonico.
Osservando la costruzione, appena ultimata, è evidente la perfezione geometrica che regola, sulla base del rettangolo, ogni livello dell'intervento, dal piano urbanistico al dettaglio costruttivo. Emerge in particolare il modo di pensare la gerarchia insieme/dettaglio. Quel modo capace di rendere espressivo il raccordo tra i piani ed i loro vari elementi, i rapporti dei materiali, le differenze dell'uso sia pratico che simbolico delle parti.
Quest'opera testimonia significativamente quanto il grado del linguaggio, che l'architettura costruita può pretendere dall'industria, dipenda dalla forza della dottrina architettonica (ovviamente del progettista), nella quale si trovano riuniti non confusamente ma in "ordine tutti quegli elementi raccolti, adatti gli uni agli altri, rapportati...", non meno che dal sapere tecnico-specifico del principio che stabilisce questa "affinità" tra tutti i sistemi e componenti più disparati, che costituiscono la tecnica costruttiva, sino alla definizione del dettaglio.

The Terragliouno multi-functional center stands in Mestre's economic services district at Borgo Pezzana. The complex comprises a linear building articulated horizontally on two floors and including multi-functional commercial areas. The architecture has distinctively defined volumes and conspicuous surface areas covered by porticoes, a piazza, gardens, pedestrian malls and vehicular roads. A tower building set at the center of the complex contains the managerial offices, so recreating a vital point of encounter between the technological-constructive component and urban form, where the architecture of the building and the vaguely "neo-plastic" signs and colors do not clash with the context but create an vivid interplay between the two in a stimulating visual interconnection.
The site is completely bounded by an access road for vehicles, in its turn linked to the main urban road network. It also provides a large outdoor parking area for a total of 820 vehicles, as the geology of the site does not allow for underground parking.
The basis of the design concept is an original interpretation of prefabricated construction, in which technology and the basic concepts of the design spread out into the architecture to reintegrate the range of techniques that form the foundation of the process of construction at the level of both the structural framework and fittings and details.
In fact there is no illusion of a grand overall concept dominating and automatically permeating all aspects of the design and construction. Instead this approach meant employing a system that would overcome the current dichotomy between the structural prefabricated elements — economically and technically valid but rigid and bleak — and a varied and sophisticated range of fittings and integrated components.
The real need was to supply a building with a high level of structural functionality at a reasonable price within a short space of time but with a clearly defined architectural language.
Looking at the recently completed complex, what emerges clearly is the geometrical perfection that regulates every level of the project from its urban design to the constructional details. Particularly striking is hierarchy relating the overall plan to the details: it renders the links between floor levels and their various features and materials both practical and symbolical.
This work is a significant testimony to the fact that the kinds of vocabulary the architect can expect from industry depends both on the force of the architectural outlook (of the designer, naturally) which combines coherently "all those elements related to one another," and also on the specific technical skill that underlies this affinity between all the most disparate systems and components that constitute the technique of construction, right down to the smallest detail.

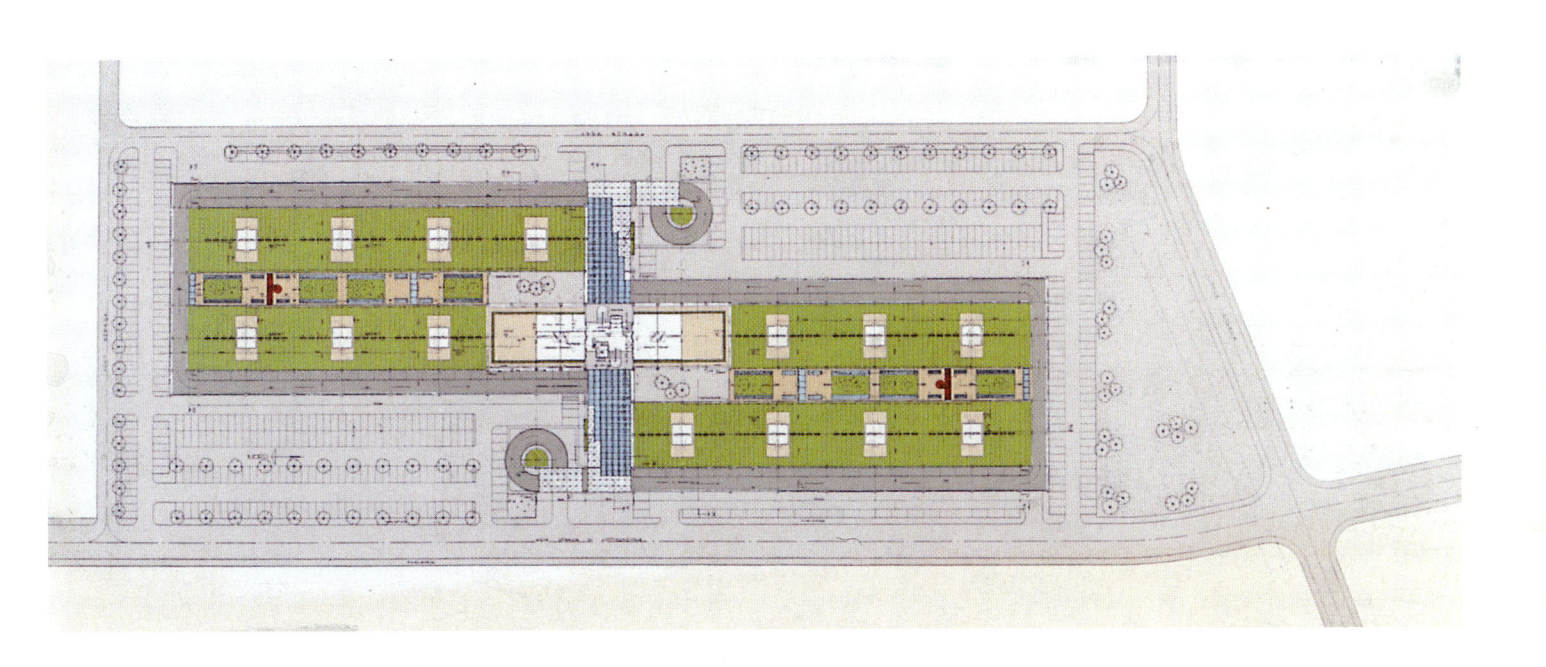

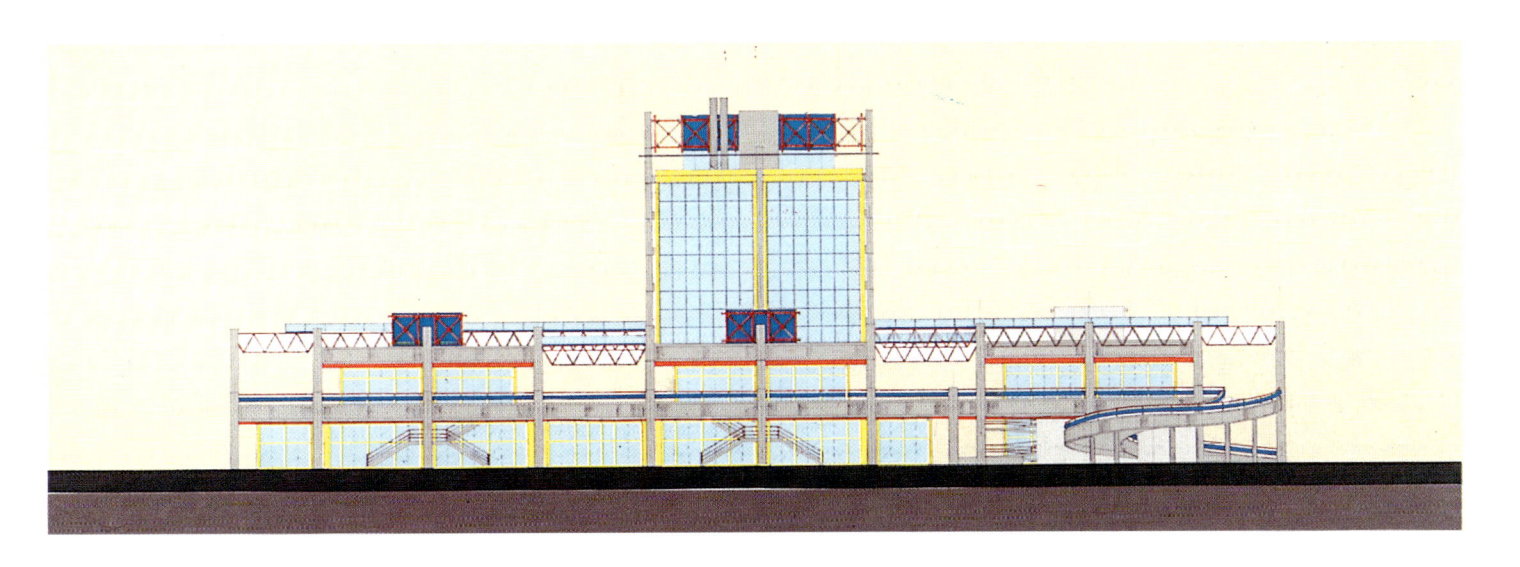

Planimetria generale e prospetto laterale. *General plan and lateral elevation.*

179

Particolari delle strutture in ferro e dei percorsi interni.

Details of the steel structures and of the interior walkways.

La rampa d'accesso, i passaggi aerei e un fronte con la grande strada che lo attraversa.

Access ramp, aerial passages and a side crossed by the large road.

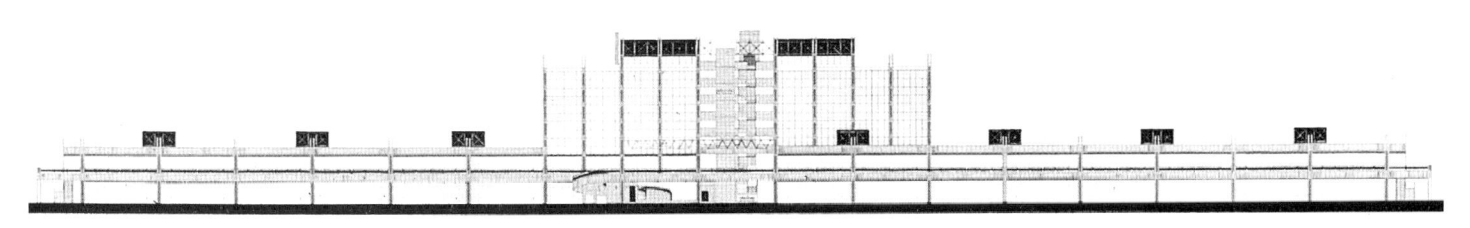

Veduta della copertura e fronte principale. View of the roof and main front.

Pompeo Trisciuoglio
Centro Follioley a Issogne, Valle d'Aosta

Il complesso polifunzionale Centro Follioley è stato progettato allo scopo di costituire un centro di servizi per le diverse società facenti capo al gruppo da cui prende nome.

A motivo della localizzazione diffusa sul territorio delle aree operative facenti capo a tale gruppo, si è posta la necessità di stabilire un riferimento centralizzato, comprensivo di servizi tecnici, amministrativi, direzionali e logistici. Tali servizi sono stati accentrati e coordinati in un unico complesso, in grado di gestire l'attività per un totale di 1000 addetti.

Il complesso è costituito da un edificio principale a tre piani adibito a servizi vari, tecnici e commerciali al piano terreno, amministrativi e del personale al primo piano, direzionali e manageriali al terzo piano.

In corpi separati, prossimi all'edificio principale, hanno trovato collocazione la mensa e la foresteria.

L'edificio principale ha una struttura portante in cemento armato tradizionale ad eccezione degli orizzontamenti, che sono stati realizzati in "predalles". Il sistema dei componenti di facciata è costituito da elementi completamente industrializzati, inseriti all'interno di una maglia modulare. Tali componenti sono formati da unità prefabbricate autoportanti. Lo strato superficiale, martellinato sulle superfici a vista e con gli spigoli smussati, è costituito da un impasto di supercemento bianco con inerti ottenuti dalla frantumazione di pietra della valle di color verde. Tale impasto è stato sottoposto a procedimenti di vibrazione e di costipamento, idonei a conseguire elevata compattezza, considerevole resistenza e inalterabile aspetto cromatico. Lo spessore rimanente è costituito da calcestruzzo ad alta resistenza opportunamente armato, e corredato di piastre in acciaio atte ad essere impicgate per l'ancoraggio del pannello alle corrispondenti predisposizioni in acciaio nella soletta. L'ancoraggio è stato effettuato mediante saldature con interposti spezzoni di profilato. Tutti gli elementi che compongono le parti esterne, pur non essendo di serie, sono industrializzati; la loro esecuzione è stata completamente realizzata in officina, e in cantiere hanno avuto luogo esclusivamente le operazioni di montaggio.

Il criterio informatore che è stato assunto alla base di questo specifico problema progettuale è stato quello di adottare i procedimenti di una industrializzazione "a piccola scala", per la messa a punto dei quali sono state perseguite le linee di una stretta collaborazione tra fasi di progettazione e fasi produttive.

Il sistema di copertura, realizzato a falde, è stato studiato con una soluzione a "tetto freddo" (travi in legno di larice poggiate sulla falda di copertura con un sistema di listelli che a sua volta regge il manto di copertura in lastre di pietra). Tale disposizione assicura aerazione e ventilazione costanti, e contemporaneamente garantisce una soluzione razionale ai problemi di smaltimento della neve. Con questa soluzione si evita la prosecuzione, oltre il piano di falda, delle canne di aerazione. Ciò elimina il problema degli effetti dello sforzo tagliante indotto dalla neve alla base delle parti emergenti, e garantisce l'assenza di comignoli fuoriuscenti dal piano di falda.

All'interno dell'edificio è inserito un sistema di impianti alloggiati entro colonne montanti ispezionabili, collocate alle due estremità. Da queste colonne si dipartono gli impianti di aria condizionata e di illuminazione che corrono all'interno delle controsoffittature, e le reti delle linee elettriche, telefoniche e le attrezzature informatiche, i cui percorsi sono guidati in condotti ispezionabili a pavimento. I tracciati seguono disposizioni planimetriche a maglia modulare, così da garantire la più ampia flessibilità con riferimento ai punti di utilizzo. Una disposizione analoga è stata adottata per l'impianto della posta pneumatica.

L'edificio adibito a servizio di mensa è coperto con una struttura realizzata in legno lamellare, con luce libera di 21 metri. La struttura è anch'essa costruita con elementi prefabbricati montati e assemblati sul posto.

The multifunctional complex was designed as the service headquarters for the various companies forming the Folloioley group.

Because of the group's far-ranging activities over a wide territorial area, there was a strong need to provide a centralized headquarters to contain technical, administrative, managerial and logistic services. These are here housed in a single complex, capable of coordinating the work of more than 1,000 employees.

The complex comprises a main building of three stories above ground level serving various purposes: technical and commercial on the ground floor; administration and personnel services on the second floor; executive and managerial offices on the third floor.

In separate blocks close to the main building there are canteen services and guest rooms.

The main building has a load-bearing structure in reinforced concrete, apart from the loft story, which is a "*predalles*" structure. The facade is composed of fully industrialized elements inserted in a modular grid. These elements are made of self-supporting prefabricated units. The outer layer, hammered on the bare surfaces and with chamfered corners, is a white superconcrete mixture made of inert materials obtained by crushing green *pietra della valle*. This mix was subjected to vibration and compression to achieve maximum compactness, resistance, and fast colors. The remaining thickness of the panels consists of reinforced concrete and they are fitted with steel plates to anchor the panels to the floor slabs. They are anchored in place by welding with profiled inserts. All the elements composing the outside are not series fittings but industrially manufactured; they were produced in the factory and on the construction site they only needed to be mounted.

The basic principle underlying this design was to adopt "small-scale" industrialization, which involved close collaboration between the design and production.

The penthouse-style roof comprised larch beams and battens supporting the stone slab roofing. This arrangement secures constant ventilation and at the same time provides a rational solution to the problem of getting rid of snow. The design emphasized the prolungation beyond the eaves of the ventilation ducts. This eliminates the problem of the strain created by the weight of snow on the projecting edges of the roof and guarantees the absences of chimneys jutting out above the roof.

Inside the building there is a system of climatization equipment housed in upright columns and open for access and inspection. From the columns irradiate the air conditioning system and lighting, which continue inside the false ceilings. The wiring, telephone and computer lines are set in ducts that can be inspected in the floor. The layout of these facilities follows the modular grid, so as to ensure the greatest possible flexibility of user points. A similar arrangement was adopted for the pneumatic postal system.

The canteen building is roofed with a lamellar wooden structure, with a clear span of 21 meters. The structure is also constructed out of prefabricated elements that were assembled and mounted on the site.

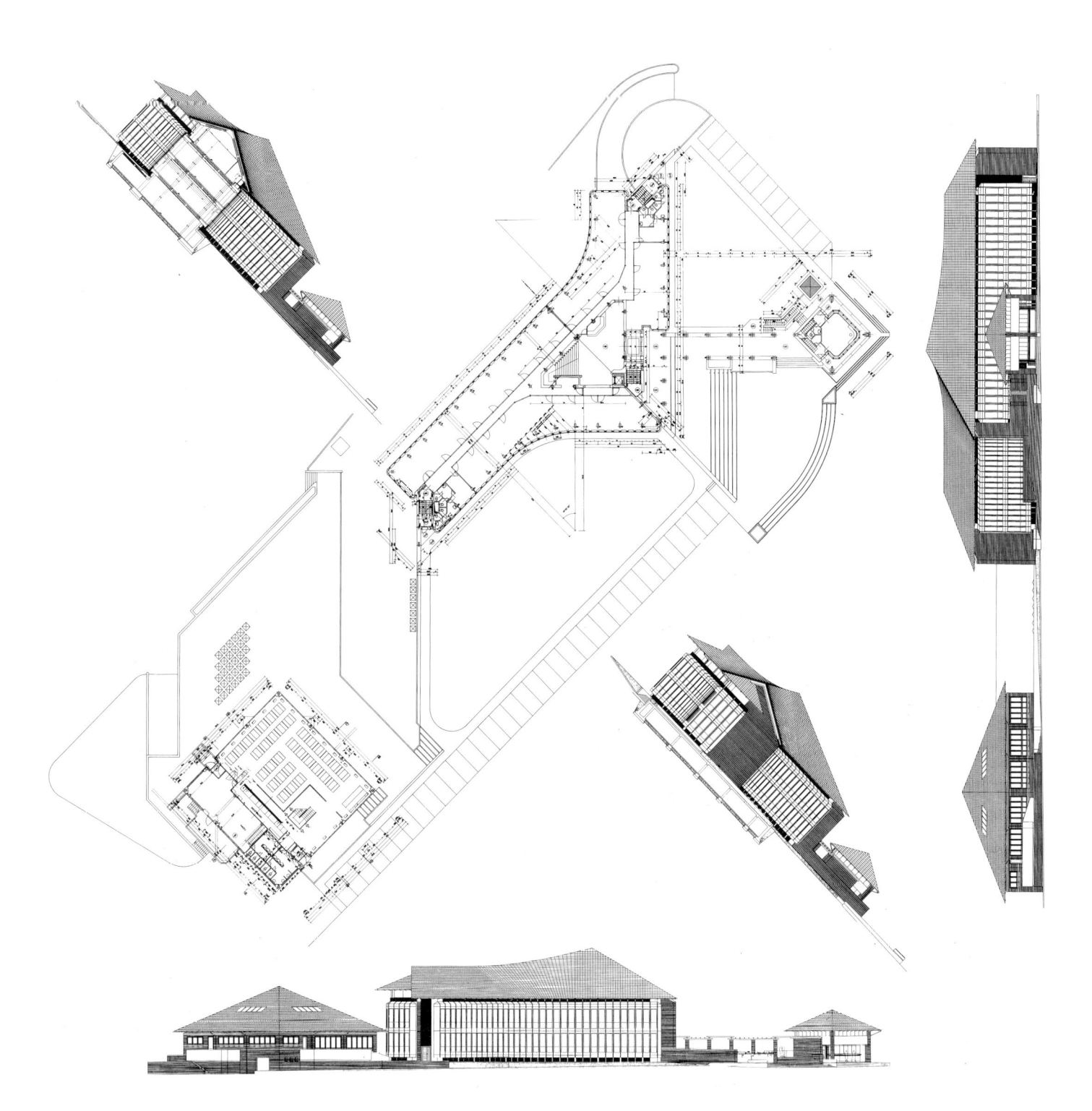

Tavola riassuntiva della pianta, dei prospetti e delle sezioni.

Table reassuming the plan, elevations and sections

Veduta del fronte d'ingresso.   *View of the entrance front.*

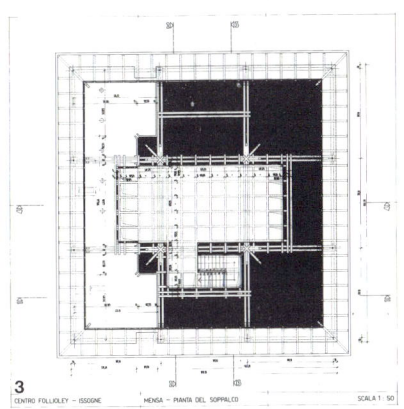

Pianta dell'edificio della mensa, disegni e veduta della copertura lignea.

Plan of the canteen, drawings and view of the lamellar wooden roof.

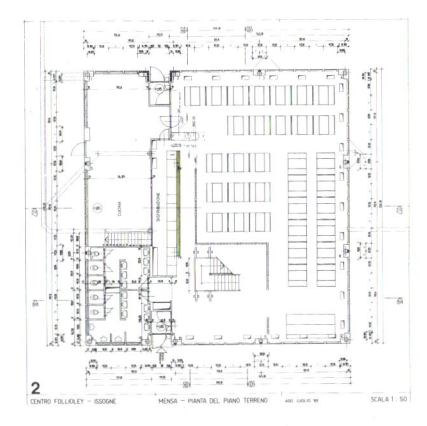

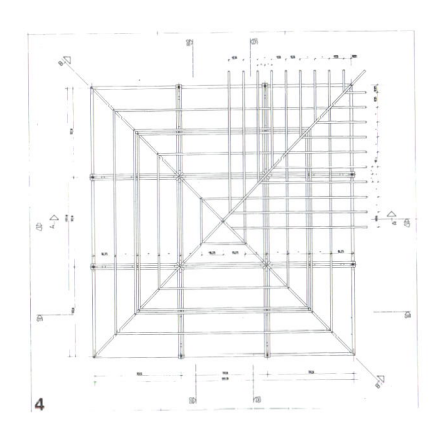

Vedute dei fronti, disegni tecnici e veduta dell'angolo.

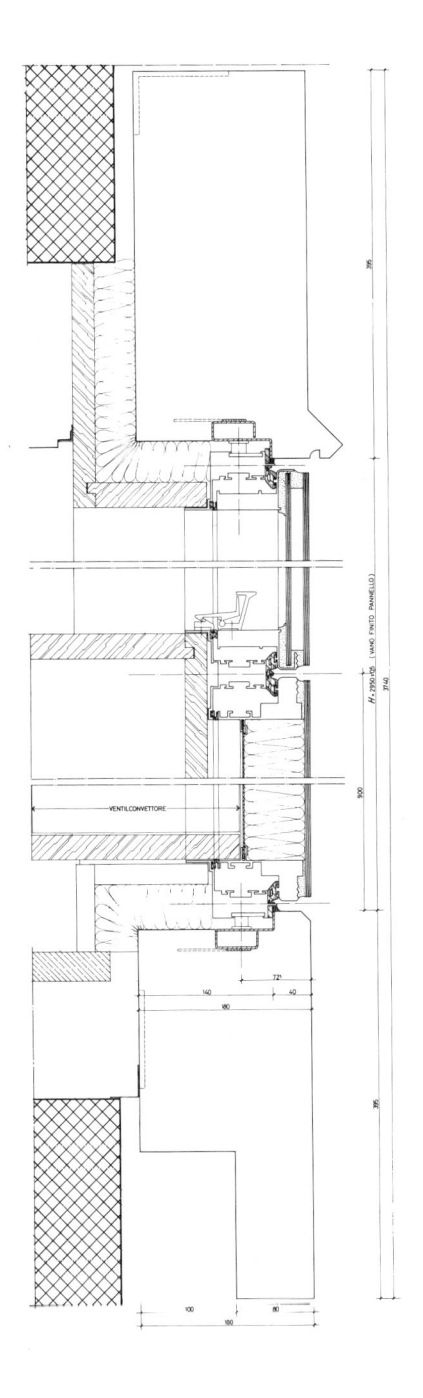

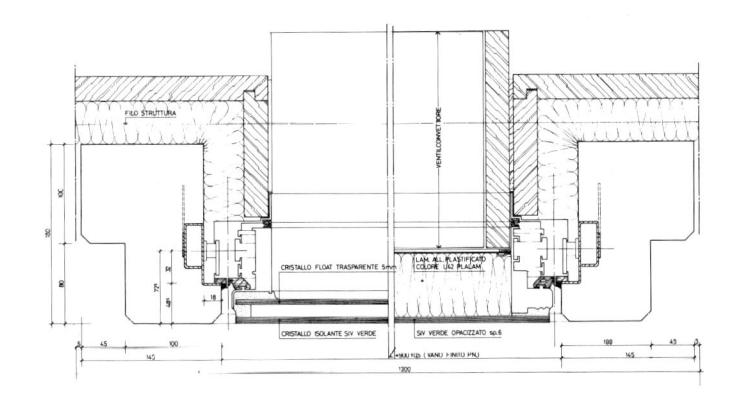

Views of the fronts, technical drawings and corner views.

Fernando Urquijo & Giorgio Macola
Descartes Tower

La torre Ibm, situata nella nuova zona commerciale di Parigi, comprende 2600 stazioni operative, un auditorio, una rete distribuzione dati, servizi sociali e un parcheggio sotterraneo.
L'obiettivo era di progettare una torre che avesse una forte relazione con il contesto a diverse scale: dalla scala pedonale attraverso il quartiere circostante fino alla scala cittadina, per evitare l'edificio "oggetto" o monumento scultoreo che ha solamente un ruolo decorativo.
La moltitudine di assi che articolano la base circolare comprendono da tre a cinque solette, che ricordano gli edifici che sorgevano un tempo su questo terreno. Il varco nel basamento si relaziona alla sommità della torre, che culmina in una copertura tagliata identificabile a parecchi chilometri di distanza.
Il periodo di costruzione di soli 18 mesi è stato reso possibile da innovazioni sostanziali nei metodi di costruzione e soprattutto in quelli di montaggio, che hanno reso possibile il rispetto dei costi preventivati, in alcune voci addirittura diminuiti.
Per quanto riguarda la facciata, l'obiettivo era di ottenere un massimo di isolamento termoacustico attraverso uno speciale sistema di ventilazione che equilibrasse le pressioni di vapor acqueo fra gli strati e che potesse essere costruito in due fasi per consentire il montaggio mentre si costruiva la struttura.
Gli obiettivi furono raggiunti mediante una doppia facciata funzionante come un tutto unico: un muro non portante esterno con una propria armatura e con un unico vetro riflettente, uno strato in alluminio spugnoso e un pannello isolante al centro, e una faccia interna con armatura lignea e con doppia vetratura trasparente.
Il sistema di condizionamento dell'aria sviluppato per questo edificio, ora presentato sul mercato internazionale e battezzato Mta, evita gli svantaggi degli impianti tradizionali e nello stesso tempo riduce i costi di installazione iniziale e di manutenzione.
È difficile adattare una installazione centralizzata a singole situazioni ambientali: ciò implica infatti la necessità di riciclare l'aria inquinata di ritorno da tutte le stanze, con conseguenti problemi di salute e di comfort.
Un sistema di spirali a ventola distribuite in ogni ambiente avrebbe risolto i problemi sopracitati, occupando però troppo spazio nelle pareti e nelle solette e rendendo l'ufficio impraticabile durante la manutenzione. L'Mta raggruppa in sistemi le efficientissime spirali a ventola con volume d'aria variabile che viene immesso ed emesso negli ambienti attraverso condotti flessibili installati e adattati ai singoli locali. Uno speciale diffusore dirige l'aria fredda verso l'interno e l'aria calda verso la facciata, secondo le esigenze. Il controllo del sistema è basato su un microchip specificamente studiato, collegato al sistema centrale dell'edificio, e a un comando individuale nel locale, che consente all'occupante di controllare il proprio ambiente.

This tower located in the new business area of Paris includes 2,600 work stations, an auditorium, data distribution network, social services and underground parking.
The objective was to design a tower that would relate to the context at different scales, from the pedestrian scale through the neighborhood to the city scale, this in order to avoid the "object" building or sculpture that plays only a decorative role in its environment.
The circular base, that articulates the multitude of axes is composed of three to five floor elements, reminiscent of the preexisting buildings on site. The pierced transition structure articulates the base with the tower, culminating in a split top identifiable from several miles.
Construction time was eighteen months, and this was achieved by what we consider substantial innovation in construction and installation methods. In spite of the speed and change of habits, costs did not increase, on the contrary the original bids were diminished. For the facade of the building the objective was to obtain a maximum insulation facade with a special breathing system to equilibrate the water vapor pressures between the layers and that could be built in two stages to allow fitting-up to proceed while the structure was under construction.
These objectives were achieved with a double facade acting as a whole.
An external curtain wall based on individual frames with a single reflecting glass, an aluminum honeycomb externally and an insulating panel internally. An interior wood frame facade installed from the inside with clear double glazing.
The objective of the air conditioning system developed for this building — now marketed worldwide and baptized MTA — was to avoid the disadvantages of traditional installations and at the same time reduce initial installation and maintenance costs.
A centralized installation is difficult to adapt to individual room conditions and implies a recycling of polluted return air from all rooms with the consequent health and comfort problems. An individual fan-coil system in each room resolved the above problems but eats away valuable facade and floor area and turns the office practically useless during maintenance.
The MTA system, grouped in batteries of very efficient identical variable air volume fan coils, delivers and returns the air from a specific room through 6 inch flexible ducts manufactured on the installation place.
It is completed by a special diffuser directing cold air to the back of the room and hot air towards the facade depending on the requirements.
Control of the system is based on a specially developed microchip connected to the central building management system and to an individual command at the room allowing the occupant to control his environment.

Assonometria generale. *Axonometric.*

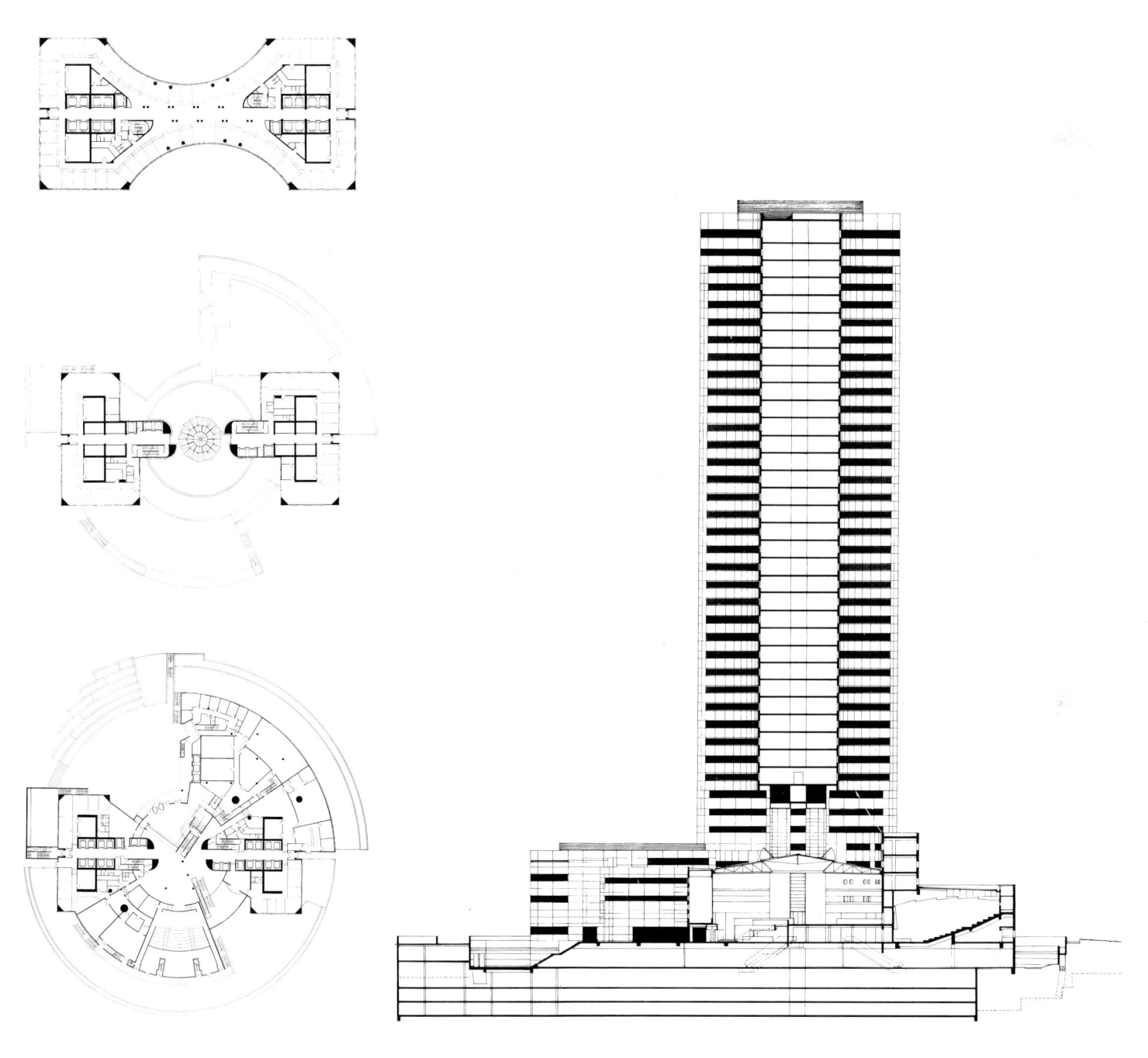

*Piante ai diversi livelli, sezione
e veduta della hall d'ingresso.*

Plans at several levels, sections and views of the entrance hall.

Il fronte principale con la parete incavata, veduta e disegno prospettico.

Main front with the hollow wall, view and perspective drawing.

Disegni e veduta del grande portale.

Drawings and view of the large portal.

195

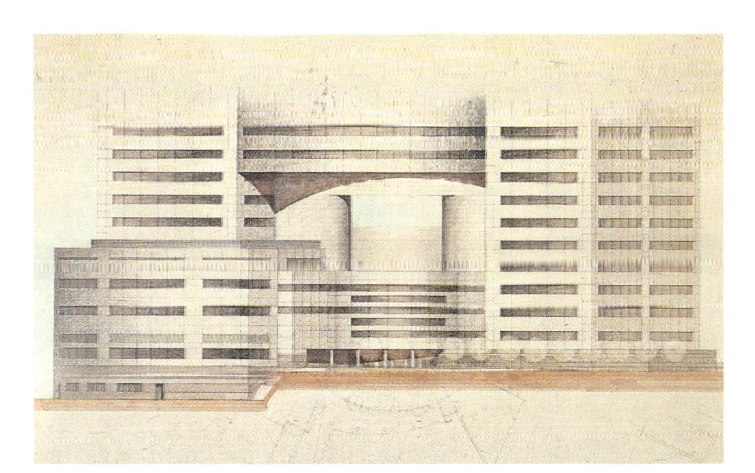

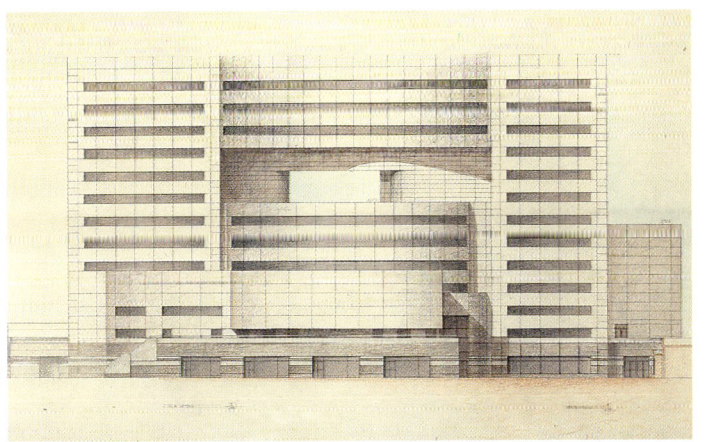

Wilkins Klemm and Morrison
Four Seasons Kakadu Hotel

L'invito a partecipare a un concorso per un nuovo albergo a Jabiru è stato per Wilkins, Klemm and Morrison l'occasione di creare una figura immediatamente riconoscibile, così come il teatro dell'Opera è divenuto il simbolo di Sydney. Così, la soluzione proposta adotta l'immagine stilizzata di un coccodrillo, come nelle figurazioni su roccia e corteccia della regione Kakadu. La proposta è stata approvata e l'Associazione Gagudju ha conferito agli architetti l'incarico di sviluppare il progetto.
Il coccodrillo è temuto e al tempo stesso venerato dalla popolazione Gagudju: e l'idea di un totem permanente che ricordasse tale tradizione ai visitatori è stata particolarmente apprezzata. Inoltre, la scelta di conferire a un complesso alberghiero la forma del feroce predatore offre agli ospiti un'esperienza affatto speciale. L'amministrazione e i locali di servizio sono alloggiati nella "testa", mentre le 110 camere su due piani disposte in ali lievemente ricurve ai due lati di un atrio aperto costituiscono il "corpo": le facciate gradonate temperano la monotonia dei lunghi corridoi diritti, e le diverse unità affaciano tutte su una vasta corte centrale alberata. La piscina e la zona d'ombra, il vivaio e diverse altre attrezzature simboleggiano gli organi interni.
Gli accessi al livello superiore sono assicurati da scale e corridoi coperti che rappresentano le zampe e gli artigli del rettile. Tutte le camere sono provviste di aria condizionata. Opportunamente collocati nella "coda" sono i locali di servizio non immediatamente connessi alla funzione alberghiera, officine, lavanderie, magazzini e gli alloggi del personale.
L'unitarietà esterna è stata ottenuta con il ricorso a un rivestimento continuo di tetti e pareti in un particolare acciaio per profilati che crea un effetto a scaglie. Il "muso" forma un ampio portale d'accesso per i pullman dei turisti, e altri elementi esterni svolgono una precisa funzione nell'interno: gli "occhi" sono prese d'aria e condotti di scarico dell'impianto di condizionamento, le vertebre della spina dorsale accolgono spazi a doppia altezza per le principali zone comuni, ristoranti, bar ecc. Perfino la pavimentazione del parcheggio a lastre colorate riprende la forma delle uova di coccodrillo.

When invited to participate in a competition to design a new Hotel at Jabiru, Wilkins, Klemm and Morrison perceived a challenge to create an instantly recognizable "symbol for the Territory" just as the Opera House has become a symbol for Sydney. A solution was proposed using the symbolic configuration of a crocodile similar to the stylized rock art and bark paintings of the Kakadu region and subsequent to the success of the submission, a commission was awarded to develop and document this plan concept by the Gagudju Association.
The rationale behind adoption of the crocodile image was influenced by the attitude of the traditional land owners. The crocodile is held in high esteem, both feared and revered by the Gagudju people, and a permanent totem was considered to be a fitting and topical reminder of this fact to visitors in the area. Sculpting the hotel environment in the predator's shape distinguishes the design and provides a special experience for guests.
The administrative areas and plant rooms are in the "head." The 110 guest rooms in two stories comprise the "body" in subtly curved wings on either side of an open atrium. Stepped facades relieve the monotony of long straight corridors. Units take advantage of the view across a vast landscaped central courtyard. The swimming pool and shade area, the billabong containing two thousand local fish and several other features symbolize the internal organs. Access to and from upper level accommodation areas is via covered stairs and corridors representing the claws and legs of the reptile. All rooms are air-conditioned from central chilled water plants.
Appropriately contained in the "tail" are those areas with reasonably remote functions, e.g. workshops, laundries and stores together with town-house style staff accommodation.
The unity of the exterior appearance has been achieved through the use of a specially modified profile steel roof and wall decking throughout, giving a "scale" effect. The snout forms a *porte-cochere* large enough to cover a fleet of tourist coaches, and other relevant external features follow the function of the interior — the "eyes" are air intakes and exhausts for the airconditioning plant, spines enclose double volume spaces over the major public areas, restaurants, bars, etc., even the carparking of colored pavers in circular configurations represent the egg form of a crocodile.

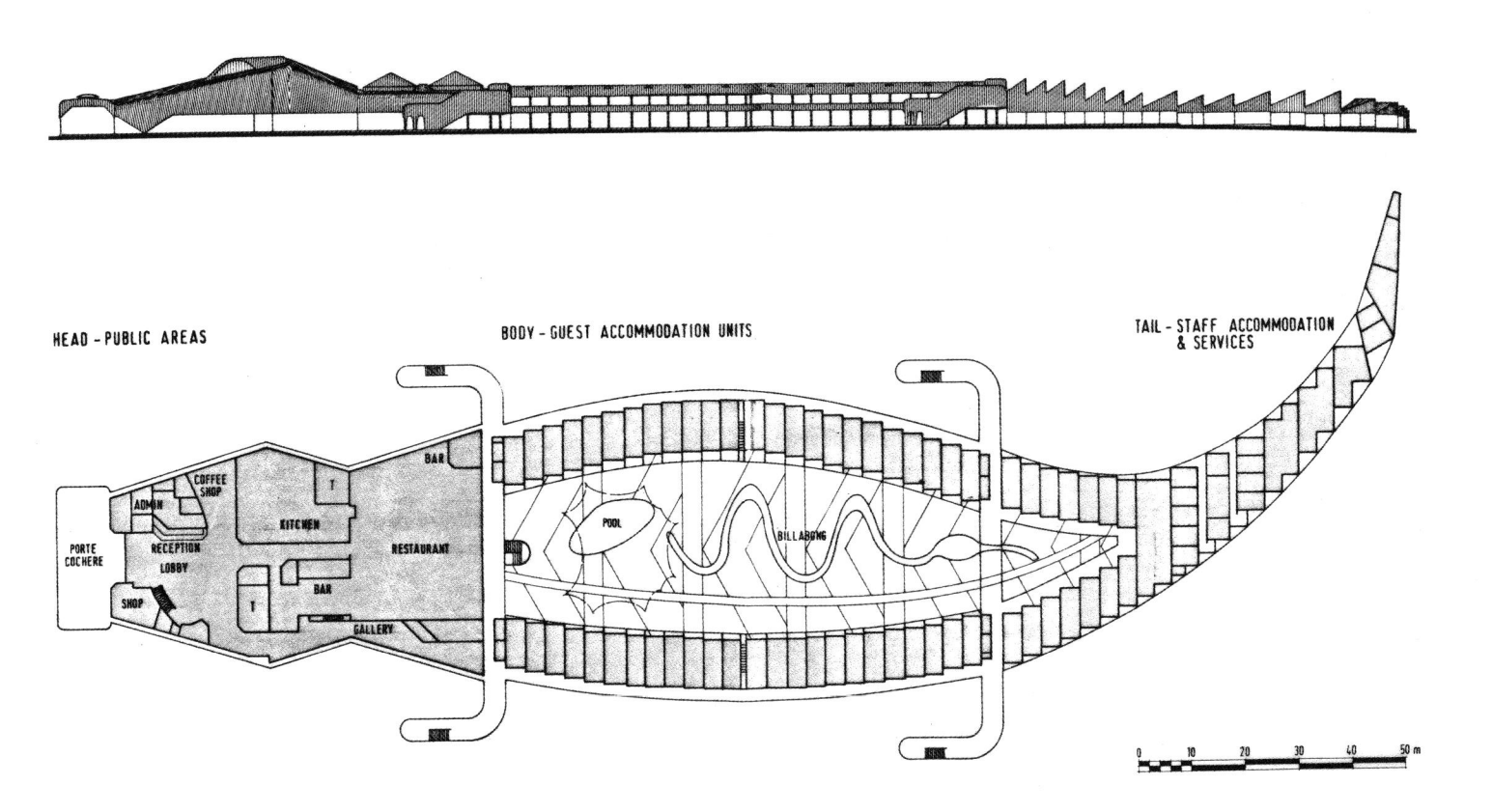

Schema planimetrico del piano terreno e prospetto.

Planimetric scheme of the ground floor and elevation.

HEAD – PUBLIC AREAS

BODY – GUEST ACCOMMODATION UNITS

TAIL – STAFF ACCOMMODATION & SERVICES

PORTE COCHERE · SHOP · ADMIN · RECEPTION LOBBY · COFFEE SHOP · KITCHEN · BAR · RESTAURANT · BAR · GALLERY · POOL · BILLABONG

0   10   20   30   40   50 m

Veduta aerea del complesso e suo diretto riferimento.

Aerial view of the complex and its direct reference.

Vedute particolari del fronte con le stanze, delle pensiline d'ingresso, della hall e della piscina.

Detailed views of the fronts containing rooms, entrance canopy, the hall and the swimming pool.

Disegno prospettico dell'ingresso principale.

Perspective drawing of the main entrance.

Credits

John Andrews International Pty. Ltd.
Intelsat Headquarters Building, Washington, D.C.
Photos by Robert Lautman

Architectural Office N.V. Dutch Railways
Railway Station Amsterdam-Sloterdijk
Afdeling Gebouwen, Stedebouw en Vormgeving, Dienst van Infrastructuur, N.V. Nederlandse Spoorwegen. Architect ir. Harry Reijnders
Staalconstructeur: afdeling Staalbouw, ir. Koos Hartog Aannemers:
Ruwbouw: Dirk Verstoep, en Strukton en Dubbers Kombinatie (Malden).
Staalconstructie: Bailey (Nieuw Lekkerland).
Afbouw: Strukton Bouw (Maarssen), Thijssen (Amsterdam).

Arkkitehtuuritoimisto Heikkinen-Komonen
Heureka-Finnish Science Center
Architects: Mikko Heikkinen, Markku Komonen
Structural Engineer: Matti Ollila
Photos by Valokuvaamo Jussi Tiainen

Marcello Armani
Edificio Stella, Trento
Photos by Dino Panato

Alfredo Arribas Arquitectos y Associados
Louie Vega
Photos by Jordi Sarra, Hisao Suzuki

Dante Benini e Ingex srl
Eurocetus B.V.
Architect: Dante Benini
Architect in charge: Claudio Galliano
Photos by M. Piersanti, Sybolt Voeten

Creasey Murray & Partners Pty. Ltd.
Quantity surveyor: W.T. Partnership
Photos by Claude Coirault

Convention Center Architects
San Diego Convention Center
Arthur Erickson Architects
Deems Lewis McKinley & Partnership
Loschky, Marquardt & Nesholm
Photos by Peter Aaron (Esto Photographics)

Remo Nocchi, Egidio Di Rosa
Nuovo mercato coperto, Massa
Progetto esecutivo: Remo Nocchi, Egidio Di Rosa
Calcolo strutturale: Sabatino Procaccia
Photos by Gabriele Basilico

Gennaro Picardi Building Design Partnership
Rac Rescue Control Centre
G. Picardi Building Design Partnership
Structural Engineers: Alan Baxter Associates
Photos by A. Borzyskowski, R. Davies Photographer, Mazeppa Photographs

Ran International Architects & Engineers
Toronto Skydome
Project team: Roderick Robbie (Robbie Sane Architects Inc.), C. Michael Allen (Adjeleian Allen Rubeli Ltd. Structural Engineers)
Photos by Lenscape Incorporated, Panda Photography Limited

TAO Architects
Shukoh Head Office
Architects: Takeo Kimura, Shuntaro Noda
Structural Engineers: Nippon Steel Corporation
Main Contractor: Taisei Corporation

Böbel & Frey
Werkforum Dotternhausen
Photos by Kai Loges Fotodesign

Theodore Brown & Partners Inc.
R. Dakin and Company
Partner in charge: Theodore Brown
Structural Engineer: Design & Engineering System
HVAC & Electrical: Howard N. Helfman & Associates
Landscape Architects: Royston, Hanamoto, Alley, Abey
Interior Design: The Munselle/Brown Partnership
Photos by Steve Proehl

Eisenman/Trott Architects Inc.
Wexner Center for the Visual Arts, Ohio State University, Columbus
Principals in charge: Peter Eisenman, Richard W. Trott
Directing Architects: A. Michael Burkey, George Kewin
Structural Engineer: Lantz, Jones & Nebraska
Mechanical/Electrical Engineer: H.A. Williams Associates
Civil Engineer: C.F. Bird & Bull
Landscape Architect: Hanna/Olin
Lighting: Jules Fisher & Paul Marantz
Acoustic: Jaffe Acoustic
Security: Joseph M. Chapman
Audio/Visual: Boyce Nemic Design
General Contractor: Dugan & Meyers Construction Company
Photos by Don Olshavsky (Artog Photography), Jeff Goldberg (Esto Photographics)

Edward Madigan Torzillo Briggs Pty. Ltd.
Parramatta Commonwealth Offices
Structural Engineer: Miller Milston & Ferris Pty. Ltd.
Mechanical & Electrical Engineers: Thomas Weatherall & Associates
Hydraulic & fire services Engineers:

Fariburz Sabha
Baha'i House of Worship, New Delhi, India

Architect, Landscape Designer, Project Manager: Fariburz Sabha
Structural Engineer: Flint & Neill Partnership
Plumbing: S.G. Deolalikar
Electrical: S.N. Mathur
Contractor: Larsen & Toubro, ECC Construction Group
Photos by Charles Nolley, Normann McErath, Raghu Rai

Hinrich Storch, Walter Ehlers
Tagungszentrum Messe, Hannover

Photos by Angela Otto, Friedrich Ostermann (Oz On), Heike Seewald

Peddle Thorp & Harvey Ptg. Ltd.
Central Plaza One

Architects in Association: Peddle Thorp and Harvey (Brisbane), Peddle Thorp & Walker (Sidney), Kisho Kurokwa Architect (Japan)
Structural Engineer: Maunsell and Partners
Contractor: Thiess Watkins White
Building Maintenance Unit Sub-Contractor: E.W. Cox Pty. Ltd.
Building Maintenance Unit Structural Engineer: McWilliams Consulting Engineers

Giovanni Trevisan, Plinio Danieli, Piero Giacomazzi
Centro polifunzionale Terragliouno, Borgo Pezzana

Photos by Gambato, A. Sanson, Savella

Pompeo Trisciuoglio
Centro Follioley a Issogne, Valle d'Aosta

Progetto architettonico: Pompeo Trisciuoglio
Progetto strutturale: Franco Blanc (opere in cemento),
Innocente Porrone (opere in legno)
Direzione lavori: Follioley spa

Fernando Urquijo, Giorgio Macola
Descartes Tower

Architects: Fernando Urquijo, Giorgio Macola
Directing Architect: Jean Willerval
Assistent: Alain le Coq

Stampato per conto di Electa
dalla Fantonigrafica
Elemond Editori Associati